SAMSARAH
RAINBOW PLANET

Êtres aux Passages de la Vie

Françoise Moquin

Michèle Blanchard

SAMSARAH
RAINBOW PLANET

Samarah/Rainbow Planet
C.P. 312, St-Jean-sur-Richelieu
Québec, Canada, J3B 6Z5
Téléphone :   450-358-5530
Télécopieur : 450-359-1165
E-mail : samsarah49@hotmail.com
Site Internet : http://pages.infinit.net/zemura/samsarah/samsarah.html

Conception de la page couverture :
Marie-Andrée Lemieux
Mise en page : Édi-Texte Waterloo
Illustration de la page couverture :
Bernard Germain

Dépôt légal :   4ième trimestre 1999
Bibliothèque Nationale du Québec
Bibliothèque Nationale du Canada
Bibliothèque Nationale de Paris
Lib. of Congress Washington, D.C.

ISBN : 0-9684784-6-8

Imprimé au Canada

Dédicace

Toute ressemblance avec des lieux connus et des personnes existantes est voulue. Ce livre a été fait grâce à leurs histoires vécues et leurs nombreux témoignages.

Il est dédié à la grande famille de la Maison d'Hérelle et à tous ceux qui travaillent à recréer l'harmonie dans leur vie.

Il est fortement conseillé d'utiliser, de mettre en pratique au quotidien, sans aucune retenue, les principes de vie qui s'y trouvent.

LES AUTEURES ET LES COLLABORATEURS

Les auteures :

Françoise Moquin
Conception, création et rédaction

Michèle Blanchard
Soutien à la conception et co-rédaction

Les collaborateurs :

Robert Laferrière
Photos-montages

Nous remercions les lecteurs et donateurs qui ont aussi collaboré à cet ouvrage.

Avant-Propos

Quelques jours avant d'écrire cet Avant-Propos, j'apprenais le Passage d'Agnès vers l'Autre Rive. Agnès était Passeure de Terre, Passeure d'Âmes. Elle avait vécu plusieurs années avec le sida et ses complications. Elle a fait la transition le 26 juillet 1999 dans un hôpital en France. J'ai demandé à son âme de guider mes propos. Je lui fais confiance, car durant ses dernières années, elle vivait très près de ses Anges, telle qu'elle se plaisait à les nommer. Je te remercie Agnès d'avoir été de Passage dans ma vie.

Les Êtres aux Passages de la Vie que vous rencontrerez dans ce livre, ne sont pas des personnages fictifs. Bien au contraire, ils tissent la trame quotidienne d'une Maison pour personnes vivant avec le sida et ceux et celles qui les accompagnent dans ces Passages vers la Vie et l'autre Vie. Tels des miroirs, ils pourraient être votre fils, votre mère, votre sœur, votre ami ou vous-même.

Ces individus ont choisi, consciemment ou non, d'expérimenter, à travers la vie communautaire d'une micro-société, une nouvelle façon (ou peut-être très ancienne ?) de vivre ensemble. Un mode de vie basé sur des valeurs autres que la compétition, le rendement, la productivité, le succès, le pouvoir, la dépendance, l'égocentrisme.

Ils ont misé sur des options moins populaires de nos jours, aux résultats inattendus : l'accueil, la collaboration, le respect, l'autonomie, le partage, l'ouverture du cœur et de la conscience.

Sans le savoir, ils ont marché sur les traces de plusieurs avant eux, en d'autres époques et d'autres lieux sur Terre, et repris le chemin le moins fréquenté, le chemin de la Compassion.

Ce chemin initiatique, jalonné de détachements, de ressentiments à libérer, d'enfants blessés à aimer, de pardons et d'amour de Soi à retrouver.

Cet ouvrage se veut la Réconciliation Vivante de dualités et de paradoxes, particulièrement ceux entre la Science et la Spiritualité, comme en témoignent les deux auteurs des préfaces.

Que le Bouddha de la Compassion nous accompagne tout au long de notre court Passage sur Terre !

Sarah Diane Pomerleau
L'Éditrice
2 août 1999

Préface : premier volet

Toute épreuve peut être prise à la manière d'une pierre. Elle peut sévir comme une massue ou servir à une fondation. On pourra toujours affirmer que ces épreuves sont sensées : " Ce n'est pas par hasard ", " Cela veut sûrement dire quelque chose ". On pourra toujours douter au contraire de leur signification intrinsèque : " Quelle absurdité! ", " Ceci était imprévisible ". Il n'empêche que ces épreuves nous ramènent finalement à l'existence et à la mort, aux formidables pouvoirs de la vie et à ses profondes limites, à ce qu'on peut en penser, à ce qu'on peut en ressentir.

Mais il ne faudra certainement pas tenter de convaincre celui qui l'éprouve, cette épreuve, de nos convictions: celle du bienfait supposé des drames de l'existence ou au contraire de l'aberration absolue de ceux-ci. Il n'est d'épreuve que personnelle, et de parcours que personnels. Il est impossible de se mettre à la place de l'autre; on peut tout juste être à côté, au mieux être avec. Dès lors on ne peut qu'entendre les sens donnés par celui qui les reconnaît ou soutenir celui qui éprouve les non-sens suspendus.

Et puis les épreuves, les crises, les événements ne nous ramènent pas qu'à nous-mêmes : en nous ramenant à tout et à rien, ils nous ramènent à tous. Un événement n'est jamais individuel; il implique tout un chacun, si l'on prend la peine d'ouvrir les yeux, le cœur et l'intelligence. On peut nommer cela empathie, bénévolat, compassion, service public ou activité communautaire. Un drame est la mise en évidence d'une solitude et la mise en jeu d'une entraide.

À charge de revanche pourrait-on dire ? Alors demandez à ces gens qui accompagnent, s'ils en attendent quelque retour plus tard. Ils vous regarderont étonnés et vous répondront que la rétribution est déjà acquise dans le moment présent, et bien plus intense que ce qu'ils pourraient ou pouvaient penser en recevoir. La vie est sans doute une affaire limitée dans le temps, mais elle porte de multiples moments de perception d'éternité. Et voilà ce que vivent ceux qui accompagnent : une indicible découverte. La vie est peut-être, vaille que vaille, portée individuellement, mais elle semble se conjuguer collectivement.

Nous sommes conviés à entrer dans ce lieu, à en partager le quotidien : la maison, les acteurs, les histoires, les incidents. Point de grands sermons, point de déclarations à l'emporte pièce. Plutôt on y découvre une attention quotidienne, une réflexion sur chaque situation, au fil des heures et des personnes. Une sorte d'humilité, de simplicité s'en dégagent, mais aussi une tendresse certaine. Une implication dans de petites choses qui permet le flux de grandes choses. Toujours avec, toujours ensemble; une solidarité qui se révélera contagieuse.

Nous sommes aussi conviés à l'intérieur de la rencontre des personnes et des intervenants, de leurs joies et de leurs peines, de leurs peurs et de leurs questions. Des rencontres décrites de l'intérieur. Alors on y trouve les manières de réagir, humainement, des personnes malades : des moments où l'on rejettera tout le monde, des moments où l'on se rejette soi-même; des instants de délaissement, des instants de désespoir. Alors on y trouve aussi ces manières de fléchir et de réfléchir chez les intervenants et les bénévoles : les lassitudes et les gratitudes qui parsèment le présent, les vicissitudes qui émanent du passé et les incertitudes qui brouillent l'avenir. Tous des gens très respectables : jamais sûrs, pas toujours présents, toujours en questionnement.

Et nous sommes conviés à l'intérieur d'une recherche. Une recherche sur eux-mêmes, sur leur action, sur ses effets. Par ci par là, on tente de mettre en relief, en italique, des lignes de savoir, des lignes de conduite. Mais on sent bien qu'elles ont davantage une fonction de réassurance que de réglementation, une fonction d'indicateurs plus que de prescriptions. En effet, il ne faudrait pas les voir comme des injonctions à écouter mais comme des propositions à entendre. Parce que le sujet, les sujets, ne sauraient s'y conformer, parce que ce qui se passe ici dépasse toute ordonnance, toute prévision. Nous sommes aux confins de la mort, donc de la vie.

Et c'est cette vie qui est finalement et profondément le meilleur des repères : vivable ou pas vivable ? Critère qui vaut pour une, pour deux, pour l'ensemble de ces personnes, malades pour certaines, intervenantes pour les autres. Allez donc savoir, au bout du compte et au fond d'elles-mêmes, lesquelles sont lesquelles ! Et tout autant parmi nous et en nous, nous qui lisons ce livre. Je veux dire : allez donc savoir ce qui, chez nous, souffre de cette limite, de ce qui nous rend malades et ce qui, chez nous, tient de ce pouvoir qui permet la compassion, la bienveillance envers nous-mêmes.

Jean-Charles Crombez
Juillet 1999

Né à Lille dans le Nord de la France, Jean-Charles Crombez vit au Québec depuis plusieurs années. Il est psychiatre, psychanalyste et psychosomaticien. Il est conférencier, communicateur, notamment au Québec, en France, en Suisse et en Chine. Il est professeur invité sur des thèmes portant sur le corps et la thérapie, la psychosomatique et les processus de guérison. Il est responsable du programme de psychothérapie aux départements de psychiatrie du CHUM et de l'Université de Montréal.

De plus, il dirige une équipe de recherche au CHUM (Hôpital Notre-Dame) sur les processus de guérison, avec laquelle il élabore un outil de travail appelé " L'approche ECHO ". Il est l'auteur des livres " La guérison en ECHO " et " La personne en ECHO ".

Pour information :
Le secrétariat du programme, tél. : (514)281-6000 poste 5665

Préface : deuxième volet

«Loué sois-tu, mon Seigneur pour notre sœur la Mort corporelle, à qui nul homme vivant ne peut échapper. Heureux ceux qu'elle surprend en Ta très Sainte Volonté, car la seconde mort ne pourra leur nuire».

Voilà les paroles de St-François d'Assise, Saint reconnu à travers les temps qui, peu de temps avant de mourir, a raconté que la conversion de sa propre vie est venue grâce à une rencontre avec une personne atteinte de la grande maladie de son temps : la lèpre. "C'est lorsque j'ai rencontré le lépreux que tout ce qui était amer dans ma vie s'est changé en douceur..."

L'écrivain Thomas de Celano rapporte à quel point François détestait la vue d'un lépreux. Souvent, il changeait son parcours afin d'éviter d'en croiser un sur la route. Un jour, avant sa conversion alors qu'il était à cheval, en route vers sa ville natale d'Assise, il rencontra un lépreux qui bouleversa sa vie. Quelque chose l'a alors saisi. Il descendit de son cheval et s'approcha du lépreux. Il lui prit la main ravagée par la maladie et l'embrassa. François remonta ensuite sur son cheval. Il sentit que quelque chose en lui venait de se transformer. Une grande joie l'envahit. En se retournant pour saluer le lépreux une dernière fois avant de partir, il constata, à sa grande surprise que l'homme avait disparu !

Voilà donc comment s'est converti François d'Assise, fondateur de l'ordre des Franciscains dont la mission était de s'occuper des pauvres, suite à sa rencontre avec cette personne, bannie de la société de son temps à cause de sa maladie. À l'époque, les lépreux étaient mis à l'écart de la société, abandonnés, sans services, ni médicaments. Cette personne, d'une apparence extérieure rebutante, était l'image même de la mort.

C'est grâce à cet individu que le monde fut enrichi d'un Saint reconnu par tous les peuples !

C'est une leçon pour nous tous qui avons à aider et à guérir les autres. Elle nous montre que des situations difficiles se vivent différemment s'il y a générosité et tendresse. Et ce sont elles, ces personnes qui semblent si mal en point, représentant l'image de la mort, qui nous guérissent en fait.

Il faut être attentif à l'appel intérieur. Cela demande une attention au niveau de l'être, une attention de chaque instant… à travers tous les passages de la vie.

Rolph Fernandes

Natif de Trinidad, Rolph Fernandes a émigré au Québec en 1956. Il a été chez les Franciscains de 1956 à 1998. Il a oeuvré pendant 10 ans comme agent de relations interreligieuses, organisant des rencontres entre les chefs spirituels des différentes religions à Montréal. Il a assisté à titre de représentant canadien à différents congrès interreligieux à travers le monde. Aujourd'hui à la retraite, il continue son travail à titre de conférencier, d'instructeur de méditation et aussi comme agent interreligieux.

Pour information :
roferdis@yahoo.com

" Je connais la Maison d'Hérelle pour avoir accompagné une amie qui y est décédée. C'est un havre
d'amour et de compassion dans notre société trop
dure...

Ces ressources-là sont tellement rares et précieuses...

Protégeons-les. "

France Castel

Table des matières

Introduction

L'écriture de ce livre a été un voyage avec escales, où chaque étape est devenue un véritable passage à travers nos peurs, nos insécurités, nos joies, nos jugements, face à nous-mêmes surtout. Ce fut un temps d'arrêt pour observer, et une fois de plus, une occasion pour se laisser toucher au plus profond de nous-mêmes par ce que nous vivons chaque jour, émerveillées par ce quotidien tissé de tant de petites guérisons et par la beauté et la puissance du travail d'équipe.

On associe souvent la souffrance à l'impuissance. Nous voyons qu'elle peut également être une porte ouverte à des transformations et surtout à une extraordinaire solidarité humaine.

À travers des épreuves, les êtres ont l'occasion de se rassembler, de s'entraider, de revenir à l'essentiel, ainsi faire preuve de tout l'amour qui les habite. À la Maison d'Hérelle, les gens sont confrontés à la mort, à la souffrance, à la pauvreté, à la solitude. Tant d'épreuves présentes chaque jour !

Peut-être avons-nous la chance d'être dans un milieu de vie où il y a tellement de choses qui viennent de s'effondrer que les êtres cherchent à recréer l'harmonie en eux ?

Mais qu'est donc la Maison d'Hérelle ?

Une maison d'hébergement communautaire pour les personnes vivant avec le vih/sida, certes ! Mais surtout, un milieu de vie où un ensemble d'êtres croient que lorsque la terre s'effondre, que tout chavire, différents choix s'offrent alors. L'un d'eux est de tenter de se rebâtir soi-même d'abord ; ensuite, de se regrouper avec d'autres partageant cette recherche d'harmonie.

Pour se rebâtir, l'être va traverser une multitude de passages variant en intensité. Il les vivra tantôt avec facilité et tantôt avec grand tumulte en cheminant vers de petites et grandes transformations. Certaines d'elles sont si subtiles qu'elles peuvent passer inaperçues. Elles s'agglomèrent pourtant à d'autres pour créer une transformation plus grande de l'être.

Mais l'être n'est pas seul. D'autres sont sur sa route pour l'accompagner. L'intervenant devient un guide pour l'aider dans ses passages, lui faciliter les transformations. En guidant, l'intervenant s'aperçoit que lui aussi vit ces mêmes traversées. Heureusement, d'autres êtres sont là sur sa route pour le guider lui aussi. La plus grande force que chacun possède est sa propre volonté ; l'atout indispensable à la réalisation de ce travail est l'amour qui habite chacun de nous...

Ensemble, au fil du quotidien, les uns et les autres en arrivent à construire un endroit où ils se sentent mieux. Un milieu basé sur des valeurs qu'ils jugent essentielles telles la non-hiérarchie, l'entraide, la solidarité et le respect profond du pouvoir à l'intérieur de chacun.

Si vous êtes de celles et ceux qui aimez les autres et qui souhaitez vous remémorer toute l'importance de s'aimer soi-même, afin d'être plus disponibles aux autres, porteurs d'un accueil « véritable », nous vous invitons à nous accompagner au cours de ce voyage.

Au fil de nos histoires, vous découvrirez celle de Marcel, un résident, qui représente l'histoire de beaucoup d'autres résidents et celle de Marie, une

intervenante, qui représente l'ensemble des intervenants de la Maison d'Hérelle. Vous partagerez leur
regard sur ce milieu de vie, sur eux-mêmes et sur leur
milieu familial. Peut-être ces regards seront-ils également un peu les vôtres ?

Chapitre 1

L'ARRIVÉE DE MARCEL

Chapitre 1 - L'ARRIVÉE DE MARCEL

Les intervenants :

- *Marie*, infirmière, coordonnatrice des soins, membre de trois comités (planification, admissions, approches alternatives)

Les résidents :

- *Marcel*

Les bénévoles :

- *Sylvie*, à la réception
- *Gilles*, à l'intervention

Les personnes ressources extérieures :

- *Pierre*, travailleur social

La sonnerie du téléphone retentit dans le bureau, je prends le récepteur.

- Marie, les ambulanciers viennent de sonner, ils arrivent avec Marcel. Je les ai fait passer à l'arrière. C'est plus facile par la rampe d'accès, me dit Sylvie, l'air pressé.

- Déjà ! On les attendait dans une heure ! Ils ont été rapides ! Peux-tu aller les accueillir ? J'arrive dans deux minutes.

Je les rejoins rapidement, ils viennent à peine d'entrer dans la maison.

- Merci Sylvie, c'est gentil d'être venue les recevoir.

Marcel est bien emmitouflé sur la civière. En plus des ambulanciers, il y a Pierre, le travailleur social de l'hôpital, qui l'accompagne.

- Bonjour Marcel, te voilà enfin à la Maison ! Me reconnais-tu ?

Un silence s'installe.

- On se connaît ? me dit-il, le regard intrigué.

- Tu sais, c'est moi Marie, je suis allée te voir à l'hôpital avec Monique avant-hier pour ta demande d'admission, lui dis-je avec insistance.

Fronçant les sourcils, il semble chercher au plus profond de sa mémoire.

- Ah oui ! Maintenant je me rappelle, répond-il avec un sourire qui éclaire tout son visage.

- Ta chambre est au deuxième étage.

La civière se faufile dans le corridor jusqu'à l'ascenseur.

- Ce n'est pas grand ici, dit Marcel dans l'ascenseur, l'air un peu déçu.

On est en effet assez coincés, on occupe tout l'espace; Marcel sur la civière, les ambulanciers, Pierre et moi. Les portes de l'ascenseur s'ouvrent et on aperçoit la chambre de Marcel, en biais de l'ascenseur.

- Voilà ta chambre, dis-je en ouvrant la porte.

Une petite chambre, un ancien lit d'hôpital encore fonctionnel, un bureau et un fauteuil. À cette heure-ci, le soleil entre et rend le jaune pastel des murs plus chaleureux encore. Marcel jette un coup d'œil à l'ensemble de sa chambre. Son regard a également noté la salle de bain à droite.

- Marcel, ta chambre est-elle comme je te l'ai décrite à l'hôpital ? Elle est un peu dénudée, mais comme je te l'avais dit, tu pourras ainsi la décorer à ton goût.

À peine ai-je formulé cette question à Marcel qu'une image refait surface. J'ai un pincement au cœur. Luc habitait cette chambre, la sienne. Je revois ses toiles, pleines de couleurs, sur les murs. Luc était peintre. Il y avait également du vert, il adorait les plantes. Il est mort la semaine dernière. Maintenant, c'est la place de Marcel. Je me sens bousculée par son arrivée, tout est trop rapide.

- À vrai dire, je ne me souviens plus de tout cela. La seule chose que j'avais retenue, c'est que j'allais avoir une chambre à moi, dit Marcel faiblement.

26

Les ambulanciers m'aident à installer Marcel dans son nouveau lit. On doit le déplacer tout d'un bloc, il ne peut plus rien faire par lui-même.

- Aimerais-tu manger ou boire quelque chose ? Un verre d'eau ? lui dis-je, soucieuse d'être attentive à ses besoins.

- Un jus de pommes, dit-il simplement.

Je descends les deux étages par l'escalier, prépare son jus de pommes et remonte aussitôt. J'entre dans sa chambre, un peu essoufflée. Je m'approche de Marcel et l'aide à boire. Un côté de son corps est complètement paralysé et de l'autre, il peut à peine bouger les doigts et les orteils. Comme il est maigre ! Ce doit être difficile de se voir ainsi ! me dis-je, touchée par son état.

- Je suis fatigué, nous dit-il. À l'hôpital je me suis énervé. J'ai mal dormi la nuit. Je n'arrêtais pas de penser que la Maison serait ma dernière demeure. Je ne voulais pas mourir à l'hôpital. Je suis content d'être ici, dit-il les yeux pleins de larmes.

- On va te laisser te reposer, dit Pierre. Je reviendrai te voir la semaine prochaine. Tu te souviens que Claude, ton ami, va venir te porter tes vêtements dans la soirée ?

Je suis touchée par l'émotion de Marcel.

- À tout à l'heure Marcel, la cloche d'appel est ici, lui dis-je en lui prenant la main. Tu n'as qu'à appuyer sur le bouton rouge et on viendra te voir. Je te laisse le document d'accueil si tu veux. Cette semaine, je prendrai du temps pour te parler des règles de vie et des activités du groupe. Pour le moment, prends le temps de te reposer.

Il y a de quoi être bouleversé ! Marcel doit quitter le peu qu'il lui reste, meubles et objets personnels, pour ne conserver que ce qui peut entrer dans cette chambre. Quant à Marie, à peine a-t-elle eu le temps de dire adieu à Luc qu'elle doit être là pour Marcel !

Pierre me suit dans le bureau des intervenants.

- Hier le médecin est venu le voir, me confie-t-il l'air inquiet. Marcel lui a demandé combien de temps il lui restait à vivre et le médecin lui a répondu que dans son état, avec la toxoplasmose et l'encéphalopathie, ce ne serait probablement pas plus que quelques semaines. Pas étonnant qu'il soit si fatigué et troublé ! Claude va venir le voir. C'est un travailleur de rue. Il continuait de voir Marcel à domicile. C'est la seule personne dans l'entourage de Marcel. Il n'a pas d'amis, les derniers étaient des relations de consommation. Il n'a aucun contact avec sa famille à Mont-Laurier ; sa mère est décédée, son père est remarié, il est assez âgé. Il avait un frère mais il est décédé d'un accident d'auto, continue Pierre avant de partir. Si tu as des questions Marie, n'hésite pas à m'appeler à l'hôpital.

En fin d'après-midi, je retourne voir Marcel avant de quitter le travail. Il a dormi la majeure partie la journée; il ne voulait pas quitter la chambre.

- Marcel, demain on va disposer d'un lève-personne, comme celui que tu avais à l'hôpital, ça sera plus facile pour tout le monde et plus rassurant pour toi. Gilles ira le chercher au CLSC (Centre Local de Services Communautaires), lui dis-je pour le rassurer. Je voulais également t'avertir que demain, c'est la journée « portes ouvertes ». Il y aura beaucoup de visiteurs l'après-midi ; la visite débute à deux heures et se termine

28

habituellement à huit heures. Les gens vont circuler du côté des pièces communes, ils ne viendront pas près de ta chambre.

Chapitre 2
UNE VISITE GUIDÉE

Chapitre 2 - UNE VISITE GUIDÉE

Les intervenants :

- *Marie*, infirmière, coordonnatrice des soins, membre de trois comités (planification, admissions, approches alternatives)
- *Denis*, infirmier
- *Vicky*, éducatrice spécialisée, massothérapeute
- *Claire*, naturopathe

Les résidents :

- *Marcel*

Les bénévoles :

- *Sylvie*, à la réception
- *Louise*, à la massothérapie
- *Marie-Andrée*, à la cuisine

L'accueil des visiteurs

Aujourd'hui, les portes sont grandes ouvertes à la Maison. La bannière confectionnée par Louise flotte au gré du vent ; elle donne un air de fête. Sylvie accueille les visiteurs à la réception. Le grand bureau est transformé en vestiaire pour l'événement. Louise et Sylvie sont bien actives aujourd'hui.

- Bienvenue à tous, je vais vous présenter Marie, l'une de nos guides pour la visite, dit Sylvie à un petit groupe de trois personnes.

Sylvie rassemble les visiteurs, sort du bureau d'accueil et rejoint Marie dans le corridor. Celle-ci est assise, savourant ces quelques minutes d'arrêt. En voyant Sylvie, elle se lève et se dirige vers le groupe.

- Bonjour, je suis Marie. Je serai votre guide pour la visite. Je vais commencer par vous parler du fonctionnement général de la Maison, dis-je, heureuse de les recevoir.

Sur le mur du corridor, plusieurs feuilles donnant des renseignements sur différents comités sont affichées.

- Comme vous pouvez le constater en voyant la liste de nos comités, nous sommes un organisme communautaire et notre gestion fonctionne de façon participative, c'est-à-dire que les comités sont composés de membres du personnel, de bénévoles et de résidents.

- Combien pouvez-vous recevoir de personnes ? demande un des visiteurs.

- Nous avons une capacité d'accueil de 17 personnes. Vous savez, depuis son ouverture, la Maison a accueilli près de 200 personnes dont la majorité sont décédées au cours de leur séjour chez nous. Nous avons également appris le décès de plusieurs autres qui étaient retournées vivre à domicile. Imaginez le nombre d'histoires vécues, toutes aussi importantes les unes que les autres. Actuellement, en plus des résidents, il y a leurs proches, les nombreux bénévoles, l'équipe et les stagiaires. Ce n'est pas évident pour une personne qui arrive à la Maison de se souvenir, ne serait-ce que du prénom de toutes ces personnes.

- Qui vous finance ? me demande-t-on.

- En tant qu'organisme communautaire, une partie du financement provient du Ministère de la Santé et des Services sociaux, une autre de Centraide et une troisième provient du secteur privé.

La visite se poursuit. Le corridor d'entrée conduit à la salle à manger, une grande pièce aux petites tables séparées, garnies de fleurs ; des étudiantes d'une école secondaire viennent régulièrement fleurir les chambres et les pièces communes. Tout au fond, on aperçoit la cuisine. Marie-Andrée vient chaque semaine ; elle donne un sérieux coup de pouce à la cuisinière. Elle fait partie de la centaine de bénévoles sans lesquels la Maison ne pourrait pas fonctionner. D'autres se retrouvent dans différents secteurs, comme ceux de l'entretien, de l'intervention, de la massothérapie et plusieurs autres.

Une partie de la salle à manger ouvre sur la section des chambres des résidents.

- Vous voyez la division ; on occupe deux triplex (trois logements). D'un côté les chambres des résidents et de l'autre, les pièces communes. C'est l'idée d'un résident. Louis faisait partie du Conseil d'adminis-

34

tration au début, lorsque notre capacité d'accueil était de 11 personnes et qu'on occupait un seul triplex. Avant le début des travaux, il a suggéré cette division dans le but de conserver la partie chambre des « résidents », plus paisible. Et c'est vraiment apprécié. Ceci permet à certains d'être plus bruyants et à l'occasion, de « lâ-cher leur fou », de se défouler dans les pièces com-munes ou de se retirer dans leur chambre lorsqu'ils en ont besoin.

- Le plus intéressant, me dit le visiteur, c'est que vous ayez suivi ses recommandations !

J'invite le groupe à me suivre par l'escalier de l'entrée, qui nous mène au salon. Grande pièce double où le jaune doré ensoleille le décor qui se marie aux boiseries. Ici, c'est la pièce de vie où tout le monde se retrouve, coin fumeur et coin non-fumeur. Tout l'ameublement provient de dons. Au même étage, tout au fond, se trouve le bureau des intervenants.

- L'équipe d'intervention est multidisciplinaire. Les intervenants ont des formations diverses comme les soins infirmiers, l'éducation spécialisée, le travail social, la sexologie ou encore, des expériences de vie. Plusieurs ont complété leur formation en acquérant des connaissances en massage, en toucher thérapeutique, en naturopathie.

- Au début, notre intervention était principalement axée sur les soins palliatifs. En effet, les gens venaient à la Maison d'Hérelle pour y mourir. À l'occasion, ces résidents arrivaient avec leur bagage personnel de problèmes, incluant parfois des problèmes de santé mentale, de toxicomanie, etc...

... Ces dernières années, divers changements sont survenus. Tout d'abord, dans la problématique même du sida ; alors qu'auparavant les résidents mouraient souvent plus rapidement, aujourd'hui, ils vivent plus longtemps. Au cours de la dernière année, certains sont retournés vivre en logement.

... Ainsi, on a vu des gens arriver en phase terminale puis décéder et d'autres, se remettre sur pied. Hier, un résident est arrivé de l'hôpital avec un pronostic de quelques semaines mais, compte tenu de nos expériences antérieures, on ne sait vraiment pas ce qui peut arriver.

- Qu'est-ce qui incite un travailleur à venir à la Maison d'Hérelle ? me demande-t-on.

- Le besoin d'adhérer à des valeurs auxquelles il croit. Je vais vous raconter ce qui m'a amenée ici. Je suis dans la Maison depuis plus de neuf ans. Avant l'arrivée du premier résident, je me revois mettre sur papier ce que mon cœur souhaitait voir, au moins une fois : un milieu de travail et de vie où les valeurs humaines guideraient « réellement » les actions des personnes qui y seraient engagées. Je voulais savoir si un groupe de personnes croyait suffisamment au respect, à la collaboration et à la générosité pour faire des efforts concrets et tenir bon, à plus long terme, sans tomber dans le piège de la compétition et des luttes de pouvoir, si fréquentes malgré les bonnes intentions des gens. Au début, je travaillais à temps partiel, comme intervenante. Maintenant, je travaille à temps plein, à la fois comme coordonnatrice et comme intervenante, une journée par semaine, ce qui me permet de garder un contact direct avec les résidents. Finalement, je suis encore ici après toutes ces années et je peux vous dire que c'est le plus beau milieu de travail que j'ai connu, parce qu'ici, on vit selon nos croyances.

- Mais il doit être difficile de côtoyer la souffrance, la mort ? me rétorque-t-on.

- C'est vrai qu'il y a des périodes difficiles, même très difficiles. Comme ces moments où j'ai le cœur en morceaux, attristée par un décès. J'étais ainsi hier encore. Mais finalement, c'est enrichissant. On donne, on aide, c'est certain, mais on reçoit tellement plus ! Et puis, ici, on est vraiment ensemble. On s'entraide, pour faciliter les traversées plus « houleuses ».

Dans la Maison, on reconnaît que pour aider les autres, il faut apprendre à s'aider soi-même. Aussi, en venant ici, on choisit de travailler sur soi. D'ailleurs, c'est clairement mentionné lors de l'entrevue de sélection du personnel. Il en est de même pour les bénévoles et les stagiaires.

... Lors de cette entrevue, on parle également de la façon d'être ensemble. Sommes-nous prêts à déroger aux tâches habituelles et à nous entraider ? Pour vous recevoir aujourd'hui, tout le monde a donné un coup de main à l'équipe d'entretien pour nettoyer les bureaux et les planchers. Les intervenants, les bénévoles et les résidents avaient le chiffon en main. On ressemblait, depuis deux jours, à des abeilles dans une ruche.

Denis passe à côté de moi. Je l'interpelle.

- Pourrais-tu leur dire pourquoi tu es ici ?

Un sourire irradie son visage.

- Je suis venu ici en stage et j'ai eu la chance de rester répond-il enthousiaste. Quand tu viens ici, tu n'as plus envie de partir. C'est un milieu humain où la personne est considérée dans toute sa globalité : son corps physique, ses états d'âme, ses problèmes sociaux... Je suis désolé, mais je dois vous quitter.

Denis s'éloigne et se dirige du côté des chambres des résidents. Le groupe poursuit la visite, par l'escalier qui mène à l'étage supérieur.

- Quelle belle rampe d'escalier, en bois sculpté ! Elle doit dater de la construction de la maison ! s'exclament certains visiteurs.

- Je suis bien d'accord ! Heureusement, elle a été conservée, tout comme ces vitraux lorsque le triplex a été refait. Le mur de briques, également, donne toute une richesse à ce coin-ci.

Aujourd'hui, les bureaux sont transformés en kiosques. Dans l'un d'eux, on donne des renseignements sur la maison. La salle de massage est consacrée aux informations sur les approches alternatives. Vicky et Claire se relaient pour y accueillir les visiteurs.

- À la Maison d'Hérelle, on offre la possibilité aux résidents d'utiliser les approches alternatives. On travaille avec la phytothérapie (les plantes), l'aromathérapie (les huiles essentielles), la musicothérapie et beaucoup d'autres, dit Claire joyeusement. Venez nous voir, après votre visite, si ça vous intéresse !

... On a également une petite pièce de méditation, de couleur violet intense. À cette heure de la journée, elle est éclairée par le puits de lumière. Plusieurs l'utilisent.

... On termine la visite par la chambre d'une résidente. Elle l'a décorée elle-même, à son goût. Chacune des chambres est différente selon la personne qui l'habite. Je me souviens d'un résident qui était très fier de montrer la sienne. Elle pouvait paraître bien vide à nos yeux ; il n'y avait qu'un lit, un bureau, et une chaise. Mais quelle richesse quand la dernière demeure était la rue !

... C'est ici que je vous quitte. Vous avez le loisir de visiter plus amplement les kiosques ou encore d'aller fureter dans les pièces communes pour bavarder avec l'équipe et les résidents. À vous de découvrir la richesse de la vie de la Maison !

Chapitre 3
LA TRANSFORMATION

Chapitre 3 - LA TRANSFORMATION

Les intervenants :

- *Marie*, infirmière, coordonnatrice des soins, membre de trois comités (planification, admissions, approches alternatives)
- *Jean-Pierre*, infirmier et membre du comité d'admission
- *Vicky*, éducatrice spécialisée, massothérapeute, membre du comité d'approches alternatives
- *Claire*, naturopathe, membre du comité d'approches alternatives
- *Danièle*, infirmière
- *Rachel*, sexologue
- *Guy*, technicien en travail social
- *Patrick*, préposé
- *Serge*, travailleur social, coordonnateur du bénévolat, membre du comité de planification

Les résidents :

- *Marcel*
- *Alex*
- *Antoine*, membre du comité d'admission
- *Normand*
- *Bruno*
- *Maude*
- *René*

Les bénévoles :

- *Monique*, à l'intervention, membre du comité d'admission
- *Ginette*, à l'intervention
- *Raymond*, à la cuisine

Les personnes ressources extérieures :

- *Robert*, membre d'un organisme extérieur

CHANGER LES PRATIQUES...

Marie et Jean-Pierre sont dans le bureau des intervenants, assis l'un en face de l'autre, absorbés par leur travail. Jean-Pierre veille au suivi des demandes d'admission. Marie s'affaire, ce matin, à compléter le dossier de Marcel. Elle sollicite Jean-Pierre pour l'aider dans ses démarches.

- Il y a déjà plusieurs jours que Marcel est arrivé. On doit faire son changement d'adresse pour la Sécurité du Revenu et voir également à l'ouverture de son compte de banque à la Caisse Populaire. Tout cela doit être réglé avant une semaine, sinon il ne pourra pas recevoir son chèque. Ces détails inquiètent Marcel, dis-je à Jean-Pierre, préoccupée.

- Ce n'est pas évident, j'en conviens, répond Jean-Pierre. Marcel est capable de s'asseoir dans un fauteuil gériatrique, mais au bout de quinze minutes au salon, il est épuisé. Il est hors de question qu'il se rende à la Caisse Populaire, même si celle-ci est au coin de la rue. Pour la Sécurité du Revenu, il faut obligatoirement qu'une personne se rende sur place pour prendre le formulaire, le rapporter, puis revenir avec un deuxième formulaire et le retourner. C'est impensable cette semaine, Marie, tout le monde est débordé. Je vais appeler un responsable de la Caisse. Peux-tu joindre Josée, elle est responsable d'équipe à la Sécurité du Revenu ?

J'explique à Josée la situation de Marcel et également de celle des autres résidents qui ont peu ou pas de proches. Ou alors, quand ils en ont, ceux-ci sont littéralement épuisés. Ces démarches ne sont pas réalisables dans ce contexte.

- Je vais en parler à mes collègues. On a justement

une réunion d'équipe cet après-midi, je te rappelle demain matin, répond Josée attentive à la demande.

À peine rentrée à la Maison, je reçois un appel de Josée. Le ton allègre de sa voix me laisse entendre qu'ils ont trouvé une solution.

- Bonjour Marie ! On a discuté de votre situation et on va essayer une nouvelle façon de faire, avec votre Maison, à titre d'expérience. Nous allons vous télécopier le formulaire, vous n'aurez qu'à le remplir et nous le retourner. Les autres démarches pourront se faire de la même façon ; je t'envoie dès maintenant le formulaire.

- C'est extraordinaire, Josée ! Que de démarches simplifiées pour Marcel et les autres à venir ! dis-je, avec enthousiasme.

- L'équipe a été touchée par votre milieu. On avait vraiment envie de faire quelque chose pour vous aider; ça fait du bien de sentir que ce que l'on fait, peut avoir un impact positif.

- Tu sais Josée, votre bureau est réputé être un organisme plutôt coriace face aux changements. C'est encourageant de constater cette ouverture aujour-d'hui...

Marie et Jean-Pierre se retrouvent dans le bureau des intervenants. Jean-Pierre vient de mettre de l'huile essentielle de lavande dans le diffuseur. L'odeur embaume et apaise l'atmosphère.

- Jean-Pierre, je suis contente. Le fonctionnement est maintenant simplifié avec la Sécurité du Revenu.

- Nos démarches ont été très fructueuses, continue-t-

44

il. Imagine-toi que la Caisse Populaire accepte aussi de faire son « bout de chemin ». On m'a dit que la direction était prête à nous aider et que des mesures seront prises pour que des résidents puissent ouvrir un compte à partir de leur domicile ! Un employé viendra cette semaine pour l'ouverture du compte de Marcel.

... Il a également profité de l'occasion pour me demander plusieurs renseignements sur différents aspects de la maladie. Certains des employés étant séropositifs, la direction veut mettre en place des moyens pour éviter toute discrimination au travail et assurer un soutien réel. Je lui ai dit de ne pas hésiter à nous appeler s'il avait besoin d'informations.

L'accès à des ressources extérieures peut être parfois problématique. La recherche de moyens pour régler ces situations vaut la peine d'être entreprise. Marie et Jean-Pierre partagent ce point de vue et travaillent en ce sens. Quand les résultats engendrés sont positifs, tous ressentent de la satisfaction, créant ainsi un sentiment réel de partenariat.

Une semaine plus tard, vendredi matin...

- Je suis ravie des résultats de nos démarches. Les papiers de Marcel sont tous complétés ; il pourra recevoir son chèque d'aide sociale ici, au début du mois, dis-je à Jean-Pierre d'un ton joyeux.

Marie et Jean-Pierre viennent de résoudre certaines démarches concernant Marcel. Tout n'est pas réglé cependant à la Maison ; la nuit dernière a été très mouvementée. Un résident très agité a tenu la Maison en éveil.

- Marie, es-tu au courant qu'Alex s'est promené dans

toute la maison cette nuit ? Il est tellement perdu ! Il agissait comme cela à l'hôpital également. Il a vraiment fait peur à Marcel. Il est entré dans sa chambre alors qu'il dormait paisiblement et il a uriné dans la poubelle. Marcel s'est réveillé en sursaut. Il a crié. Vicky a eu du mal à le calmer. Elle a dû s'installer à ses côtés, sur le bord de son lit et y rester un bon moment avant de pouvoir l'apaiser, pendant que Guy s'occupait d'Alex. Il demande énormément de surveillance.

- Qu'est-ce qu'on peut faire Jean-Pierre ? Il va épuiser tout le monde.

- On pourrait demander à Ginette de demeurer auprès de lui. C'est une bénévole qui a l'habitude, elle nous donnera un bon coup de main.

Tout semble s'apaiser dans la Maison lorsque soudain, le système d'alarme retentit. Alex l'a déclenché. Fausse alarme, il faut tout de même appeler les pompiers.

Ceux-ci inspectent les lieux avec curiosité.

- On est un peu surpris, on ne savait pas que vous existiez dans le quartier me dit l'un d'eux. Sans trop le crier sur les toits, on pourrait peut-être vous être utile, vous aider pour des gros travaux de peinture ou de déménagement de meubles par exemple. Certaines de nos journées de travail sont plutôt calmes...

Le chef d'équipe de la caserne de pompiers me rappelle deux semaines plus tard.

- Vous savez, certains de nos collègues ne sont pas à l'aise avec le sida m'avoue-t-il. Plusieurs se questionnent sur les modes de contagion. Pourriez-vous

46

venir nous en parler, pour aider à dissiper leurs inquiétudes qui ne sont pas faciles à faire disparaître?

Ils conviennent d'une date. La rencontre avec les pompiers a lieu telle que prévue. A la lumière des questions posées, il en ressort que les mythes et préjugés persistent encore aujourd'hui. Une occasion de plus pour Marie et Jean-Pierre de poser des gestes qui ont une portée sociale, en faisant faire quelques pas de plus vers des changements d'attitude et de regard.

Mercredi après-midi...

Trois nouveaux employés sont avec Marie afin de connaître l'histoire de la Maison, particulièrement son caractère familial et communautaire.

- Conserver à la Maison son cachet familial est pour nous tous un aspect bien important. Lorsque je suis arrivée, je travaillais à temps partiel et Micheline travaillait à la coordination des soins. Une infirmière comme coordonnatrice et voilà que les demandes en soins médicaux ont augmenté de façon faramineuse et même pour les résidents en phase terminale !

On s'est réunis, on en a parlé. Quel genre de Maison voulait-on ? L'équipe ainsi que les résidents ont participé à ces échanges. Finalement, on a choisi de conserver le côté bien familial et pour les soins plus spécifiques, de faire appel aux ressources extérieures: CLSC et hôpitaux. Il a fallu expliquer notre choix et graduellement, une belle collaboration s'est installée entre nous.

- Autant pour les pratiques que pour l'aspect physique, on a eu à expliquer et à travailler concrètement pour conserver ce côté familial. Ce fut l'occasion d'initier des changements. Je me souviens des négociations avec la ville de Montréal ; il a fallu des années de démarches auprès des représentants pour qu'ils reconnaissent la vocation de notre Maison, surtout durant les travaux du chantier d'agrandissement. Le responsable du comité des normes de la ville est venu nous voir. Il avait le rôle de statuer sur les mesures que nous devions prendre pour protéger la ressource en cas de feu. Ce comité était formé d'hommes de différents milieux professionnels : ingénieurs, techniciens, pompiers.

-   Vous allez héberger des gens en grande perte d'autonomie, nous dit-il. Si jamais un incendie se déclarait, il faudrait maximiser les chances et réduire tous les risques ; c'est pourquoi nous vous proposons d'installer des portes coupe-feu, des gicleurs et de faire enlever toutes les boiseries qui décorent le bâtiment ! Selon nos livres, vous êtes une « clinique de soins » et ce sont les normes et la réglementation qui s'y rattachent.

Il a fallu bien des écrits et des pourparlers pour en arriver à quelques modifications qui permettaient de ne pas perdre l'essence du caractère chaleureux de l'immeuble et le rôle d'une maison d'hébergement comme la nôtre. Ces négociations ont par la suite ouvert des portes aux autres maisons communautaires qui devaient faire face à ces normes municipales.

Des négociations comme celle-là engendrent des questionnements : Quel est l'impact des gestes posés? Ont-ils une portée politique ? Conduisent-ils à des transformations à une plus grande échelle ?

Pas toujours facile d'adhérer à de nouvelles valeurs.

48

- Ainsi, lorsque vous arrivez en tant que travailleur à la Maison, vous entrez dans un contexte qui se veut non hiérarchique ; un milieu où, tout en ayant un rôle spécifique, vous retrouvez l'importance d'un partage des responsabilités.

... Quand on veut visualiser l'ensemble de nos rôles et responsabilités, on utilise constamment une roue où tout s'enchaîne, au lieu d'un système pyramidal.

... Donc, concrètement, vous allez être amenés à participer activement aux décisions de l'ensemble de la Maison. Votre présence sera la bienvenue au sein d'un comité. Je pense, par exemple, à celui des admissions dont le responsable est Jean-Pierre et auquel je participe tout comme Monique et Antoine.

... Vous allez vous rendre compte qu'il est important pour nous que chacun mette son grain de sel mais que ce n'est pas toujours facile. On peut en effet adhérer à une valeur comme la non-hiérarchie, mais la congruence avec celle-ci est exigeante.

... Dans ce milieu communautaire, votre travail sera diversifié mais votre plus grand atout sera qui vous êtes et votre aptitude à travailler avec votre cœur.

L'IMPORTANT... C'EST OSER DIRE !

Marie travaille ce soir, elle en profite pour souper à la Maison. Elle retrouve Raymond qui est bénévole à la cuisine depuis quelques années. Il s'est récemment impliqué en tant que membre du Conseil d'administration.

- Marie, il faut que je te raconte la rencontre de citoyens à laquelle j'ai assisté hier, en présence de

Monsieur le Maire en pleine campagne pré-électorale!
Il a annoncé avec fierté qu'il désirait réaliser un projet
qui lui est cher, celui de créer un parc devant la phono-
thèque !

- Monsieur le Maire, combien cela coûtera-t-il à la
municipalité ? lui ai-je demandé.

- Pas beaucoup, a-t-il dit. Nous comptons faire les
plans paysagistes de manière à ce que le budget
n'excède pas 200 000 $! a-t-il répondu, fier de son
projet.

- Monsieur le Maire, avec tout le respect que je vous
dois, n'êtes-vous pas au courant qu'il existe à l'angle
de ce parc, une Maison pour les personnes vivant avec
le vih/sida, qui vous doit ce même montant, avec un
taux d'intérêt de l'ordre de 9% ? Ne croyez-vous pas
que nos priorités, en tant que citoyens, sont de soutenir
une telle œuvre plutôt que de décorer nos trottoirs ?
Les artisans paysagistes de cette Maison se feraient
un plaisir de vous offrir leur temps bénévolement pour
votre projet, en échange de votre investissement au
sein de la Maison !

- Mais je croyais cette affaire réglée et close ! renchérit-
il, l'air étonné. Je m'en occupe bien sûr ! Faites-moi
parvenir une lettre et je ferai suivre le dossier.

*Tout compte fait, Monsieur le Maire cherche des votes.
Raymond lui a proposé une action qu'il entreprendra
peut-être, peut-être pas. Pour lui, l'important c'est
d'avoir pris la parole et de l'avoir interpellé à propos
de choix faits en tant que citoyens, selon ses valeurs,
selon ce qui le touche...*

UN CHANGEMENT SURVIENT... MAIS S.V.P. JE NE VEUX PAS ÊTRE DÉRANGÉE !

- La petite marche de dix minutes pour me rendre à la réunion d'équipe me fait du bien, dis-je à Vicky. J'aime prendre l'air, cette semaine la réunion se tient encore à la COCQ Sida (Coalition des Organismes Communautaires du Québec pour le Sida), car ils nous prêtent leurs locaux.

Danièle, l'intervenante qui anime la réunion d'aujourd'hui, constate que deux des points à l'ordre du jour vont une fois de plus soulever la houle : la couleur de la pièce de méditation et l'admission d'Alex qui perturbe tout le monde.

- La pièce de méditation, ça y est ! lance Danièle. Si on prenait quelques minutes pour en parler ? Tout le monde est au courant que c'est le résultat du travail d'un comité. Ce fut une longue réflexion et une tout aussi longue consultation, dans le but de choisir différents éléments selon leur signification symbolique : la couleur de la pièce, les objets et son organisation. Il paraît que cette nouvelle apparence a suscité des réactions chez certains.

- Cette couleur est bien trop agressante ! Je ne serai pas capable d'aller dans cette pièce ! lance Guy mécontent.

- Je trouve que les motifs incrustés dans le mur sont plutôt laids ! ajoute Patrick, visiblement insatisfait.

- Chaque fois, c'est la même chose ! Toute modification, aussi petite soit-elle, amène des tempêtes ! Que ce soit le déplacement d'un tableau ou d'un bureau de travail et nous en sommes perturbés ! Mais quand rien ne bouge, on s'ennuie... s'exclame Danièle, impatiente.

... Je pense que dans quelques semaines, nous serons

habitués et nous rirons à la pensée de nos vives réactions d'aujourd'hui.

... Et si on parlait d'Alex, point majeur à l'ordre du jour d'aujourd'hui !

Branle-bas de combat dans l'équipe, tout le monde veut parler. On a l'impression que c'est la première fois que l'on vit une telle situation, avec une personne aussi perdue dans le temps et dans l'espace. Il est vrai que chaque situation est un peu différente. Cette fois, son admission a rompu une certaine tranquillité, installée depuis quelques jours.

- On devrait lui trouver une autre ressource ou demander à son travailleur social de lui trouver un autre endroit, proteste Rachel. Ça n'a pas de sens ; il a fait peur à Marcel et à d'autres également.

- Je ne suis pas d'accord. On devrait lui donner une chance et le garder plus longtemps. Nous avons vu par le passé plusieurs autres résidents comme lui devenir plus capables de profiter de la vie de groupe et de s'y ajuster riposte Guy, d'un ton calme.

Après une heure d'échanges portant sur leurs différents points de vue, l'équipe s'est mise d'accord pour réévaluer la situation d'Alex. Les deux situations ont fait réagir l'équipe : quelque chose d'aussi primaire que la couleur d'une pièce et à l'opposé, une situation perturbante qui a un impact sur tous.

LA TRANSFORMATION EST LÀ... LA TORNADE PASSE !

Ce soir, Marcel est calme. Il est capable de rester plus longtemps sur le fauteuil gériatrique. Il est au salon à bavarder avec les autres. C'est Normand, un autre

52

résident, qui est bien agité.

Il sonne la cloche d'appel alors qu'on sort à peine de sa chambre. Vicky le descend en fauteuil roulant au salon. Après quelques minutes, il demande de nouveau à remonter dans sa chambre ; elle l'installe au lit et une fois encore, il sonne et veut se relever. Il est vraiment agité.

- Je suis exaspérée de voir la cloche d'appel de Normand de nouveau allumée, dis-je à Vicky. On va être épuisés si cela continue ainsi.

- On ne peut pas le laisser seul deux minutes, confirme Vicky. Il est pourtant impossible que quelqu'un reste à ses côtés. Il y a trop de boulot.

- Je vais lui proposer de rester avec moi, dis-je, l'air pressé.

Je me rends à la chambre de Normand, qui encore une fois vient de sonner.

- Normand, il faut que je fasse du lavage, les bacs à linge sale débordent. Veux-tu venir avec moi ?

- Oh oui ! me dit-il, acceptant vivement ma proposition.

Nous voilà tous les deux dans la salle de lavage. Normand m'observe, son regard dénote un profond souci.

- Tu es agité ces temps-ci, y a-t-il quelque chose qui t'inquiète ?

- Non, il n'y a rien, me dit-il d'un ton sec.

- As-tu peur de mourir ? lui dis-je calmement.

- Non, répond-il.

Conversation d'une grande intensité dans un endroit comme une salle de lavage, pensais-je. Mais pour moi, comme pour lui, cet endroit est confortable.

- Crois-tu que je vais mourir paisiblement ? me demande-t-il, en pliant méticuleusement une serviette.

- Comment penses-tu mourir ?

- Je sais que je vais mourir de manière tranquille, répond-il.

- Tu sais Normand, ça m'est arrivé souvent de voir mourir des résidents, d'être présente à leurs côtés et en effet, fréquemment, c'était paisible. Veux-tu que je te décrive comment ça se passe dans ces moments-là ? Ce que j'ai plusieurs fois observé et ressenti.

- Oui, me dit-il simplement.

Je lui raconte mes expériences, ici, dans cette salle de lavage. Je lui raconte la mort d'Alain. J'étais seule à ses côtés ; je lui ai parlé jusqu'à la dernière minute. Il me répondait en fronçant les sourcils. Soudain, sa respiration a changé. Il a cessé de me répondre. J'ai continué de le guider, en lui suggérant de se laisser aller dans la lumière, baigné par l'amour que je ressentais. Je lui tenais la main. Tout à coup, j'ai senti le besoin de me reculer un peu. Je l'ai fait. Tout doucement, il a cessé de respirer. Il est parti si doucement. Il y avait même un sourire sur son visage.

Normand a écouté mes histoires calmement, puis il a décidé que pour lui c'était suffisant.

- J'aimerais aller me coucher ; je suis fatigué, me dit-il.

Le reste de la soirée ainsi que les jours suivants ont été plus calmes pour Normand. En fait, il n'avait pas peur de mourir. Il acceptait l'idée mais, il se demandait comment il allait mourir, comment ça se passait et cela l'inquiétait, l'agitait. Mettre des mots sur ce qui se passait en lui et cela dans un endroit aussi anodin qu'une salle de lavage, a permis à Normand de rassurer cette partie de lui-même qui était très agitée. Quelques jours plus tard, Normand est mort paisiblement, comme il l'avait dit à Marie.

Je nomme ce qui se passe et ça m'apaise !

Normand est mort et chaque fois qu'une personne décède, chacun de nous, membre de l'équipe ou résident, est touché de façon différente.

Aujourd'hui, c'est Marcel.

- Marcel envoie promener tout le monde. Il ne veut pas sortir de sa chambre et refuse de voir qui que ce soit. Il a même lancé un verre d'eau, mécontent qu'on le dérange, avoue Guy exaspéré.

- Si tu veux Guy, je vais aller le voir tout à l'heure ? lui dis-je.

Je me demande pourquoi je me suis proposée, pensais-je en me rendant à la chambre de Marcel. Tout compte fait, je préférerais qu'il dorme.

- Marcel, c'est moi Marie, dis-je en frappant doucement à sa porte.

Pour toute réponse, j'entends un grognement. Ah zut! Il est réveillé. Prenant une grande respiration, j'entre.

- Que se passe-t-il Marcel ?

- Ça n'a pas de sens ! Les bénévoles ne sont pas corrects, le personnel non plus, tout le monde me dérange tout le temps ! Vous ne pouvez pas me laisser tranquille ? crie-t-il impatiemment.

- Marcel, que veux-tu au juste ? Tu es vraiment désagréable avec tout le monde. Veux-tu que les gens arrêtent de s'occuper de toi ? Détestable comme tu es, tu fais tout ce qu'il faut pour y arriver, lui dis-je d'un ton déterminé.

Marcel se met à pleurer, à gros sanglots.

- Je n'arrête pas de penser à la mort de Normand, et ça me fait penser à la mienne me dit-il en s'apaisant. Dans combien de temps mon tour viendra-t-il ?

En sortant de sa chambre, je réalise que Marcel a de sérieux motifs d'être ainsi troublé.

Marie a eu besoin d'être honnête avec lui, de se fier à ses intuitions, de se permettre de refléter ce qu'elle avait perçu. On peut comprendre Marcel d'être bouleversé ainsi. En identifiant la cause véritable de son trouble, il s'est apaisé. Serait-il possible que l'ensemble de ces petites bulles de contact avec soi conduise à une transformation de l'être entier ?

Un changement majeur ou tout petit... la tornade passe !

La semaine dernière, j'ai traversé une période où je me sentais agitée, mais pourquoi donc ? Il est clair que ce n'était pas une agitation de même amplitude que celle de Marcel mais j'étais perturbée. Quand je ne sais pas où ma barque se dirige, je m'énerve.

Beaucoup de choses allaient vite autour de moi et j'avais l'impression de ne pas être capable de suivre la vitesse de croisière.

Ceci était dû à mon implication dans un projet qui prenait un nouvel essor, la mise sur pied de la compagnie de production de pots de miel. Ainsi, j'étais partagée entre mon excitation devant ce projet et la peur qui m'habitait devant cette nouvelle expérience.

- Penses-tu qu'on doive ralentir ? Allons-nous trop vite ? me demande Claire, une partenaire de ce projet.

- Non, mais je crois savoir d'où vient cette inquiétude, lui dis-je convaincue.

Parler avec Claire m'a permis de réaliser que l'agitation que je vivais était basée sur mes peurs ; entre autres, celles de faire des erreurs, de me tromper, de constater qu'avoir vu des proches échouer en affaires me renvoyait une image : le monde des affaires est assez apeurant.

Toucher à tout cela, le reconnaître et l'accepter m'ont aidé à le laisser aller. Ma peur s'est apaisée et ce qui est resté est l'excitation devant un nouveau projet. La semaine dernière a été fort différente et bien plus plaisante.

En s'ouvrant aux autres... on se rapproche !

J'ai également été troublée par la relation avec mon père cette semaine.

- Je prends un virage important dans mon travail, ça ne va plus, me confie-t-il. Je fais face à des poursuites judiciaires, à un manque d'argent, je suis fatigué.

J'ai senti le désarroi et la fragilité de mon père, un homme reconnu « invincible » et toujours maître de lui, qui ne pleure jamais ou si peu et surtout, ne demande pas d'aide, puisque c'est lui le chef !

Ce soir-là, j'ai beaucoup pleuré, triste de voir ces changements me bouleverser encore une fois ; et une fois de plus, désirer y résister. J'ai également pleuré parce qu'en voyant mon père s'ouvrir ainsi à moi, il me donnait l'occasion de me rapprocher de lui et de faire face à cette nouvelle réalité, ensemble.

AH, ÇA CHANGE... JE N'AI PAS DE CHANCE... C'EST ENCORE MOI QUI PAYE !

Marie a le choix de percevoir le changement, par exemple celui de son père, comme dérangeant, sans issue, un événement qui lui tombe dessus, et de se voir comme une victime de la situation et des événements, qu'elle aura à subir. Ce genre de propos ne fait que générer de la frustration et engendre le sentiment de n'avoir aucune prise sur rien. L'individu n'a-t-il pas certaines ressources pour agir ?

Et si je regardais les choses différemment ?

Onze heures, Jean-Pierre anime la réunion de résidents comme chaque mercredi ; un temps pour faire le point, pour se dire ce qui va ou ne va pas. J'y suis aussi. Le coin « fumeurs » du salon vient de se transformer en salle de réunion pour l'heure qui suit. Une salle de réunion où certains sont assis sur des chaises, cigarettes à la bouche et d'autres, moins en forme, sur des fauteuils, les jambes surélevées. Maude est sur sa chaise roulante et Marcel sur le fauteuil gériatrique. Ils sont plusieurs à être présents ce matin. Les quelques absents sont dans leur chambre car ils sont trop fatigués ou ont décidé tout simplement de ne pas être présents.

- Je ne viens pas à la réunion, je n'ai pas le goût, je n'ai pas la tête à entendre les autres ce matin, m'avoue Bruno à l'instant.

- J'étais fleuriste autrefois, je l'ai été pendant vingt ans, dit Marcel en prenant la parole. J'avais mon commerce et je vivais avec Jacques, jusqu'à ce qu'il meure, il y a cinq ans. On demeurait à la campagne pas très loin de Montréal ; un petit lopin de terre avec une rivière. On avait une belle maison et un jardin extraordinaire.

La voix de Marcel se noue, il a les yeux pleins de larmes. Pas un mot ne se dit, tout le monde est attentif à ses paroles. C'est la première fois qu'on entend Marcel parler de lui.

- On avait deux chiens aussi, moi je m'occupais des fleurs et Jacques des chiens. J'ai veillé sur lui jusqu'à la fin. Il est mort dans mes bras. Je suis resté à la maison, seul sur notre terre.

... J'ai toujours eu un caractère plutôt grognon mais je pense que j'étais tout de même agréable à vivre, sinon Jacques n'aurait pas été capable de demeurer avec moi. Après sa mort, tout a commencé à me déranger ; mes voisins entre autres. Tout ce qu'ils faisaient me troublait. Ils faisaient du bruit et ce bruit m'agaçait de plus en plus, au point que je n'étais même plus capable d'entendre la rivière.

... Je regardais tout ce qui m'arrivait en me disant : « Je ne suis pas chanceux d'avoir de tels voisins ». Même mes chiens étaient devenus un fardeau pour moi. Ainsi ma vie se déroulait et je devenais de plus en plus marabout, grognon et malheureux. J'avais

cette habitude de regarder les autres et de me dire :
« Eux, ils ont de la chance, ils ont de bons voisins, ils
ont de bons animaux ».

... Ma vie s'assombrissait ; d'un petit nuage léger, elle
devint à la longue un épais brouillard où tout semblait
si sombre. J'ai tout vendu et me suis retrouvé à
Montréal. J'ai commencé à consommer. Ce ne fut pas
long que j'ai tout perdu : commerce et argent. Je me
suis retrouvé à la Sécurité du Revenu ; plus rien, plus
personne. J'ai rencontré Claude, un travailleur de rue;
lui il m'a aidé. J'ai décidé d'arrêter de consommer.
Les affaires semblaient vouloir remonter la pente et
là j'ai commencé à perdre des forces. Depuis un mois,
je disais à mon médecin que j'étais fatigué mais il ne
semblait rien déceler d'anormal. Mon pharmacien m'a
trouvé un peu bizarre. À quelques reprises, j'avais
échappé mes clés à la maison, pour une raison
inconnue.

- Marcel, si j'étais toi, j'irais à l'urgence, avait-il dit.

... Je suis allé à l'urgence ; le médecin n'arrivait pas,
alors j'ai décidé de m'en aller. Je suis retourné chez
moi. Mais j'avais dit à Claude : « Si jamais tu ne me
vois pas, passe donc par chez nous ». Il ne m'avait
pas vu depuis deux jours ; il est arrivé et a sonné à la
maison. Je suis venu répondre et je suis tombé par
terre, le visage contre le sol, paf ! Subitement. Claude
m'a dit que le concierge a rapidement ouvert la porte.
Il m'avait entendu tomber, il habitait juste au-dessous
de mon logement. Je me suis réveillé à l'hôpital Hôtel-
Dieu, quelques jours plus tard. C'est pour ça que je
suis ici maintenant.

... Depuis que je suis ici, en fait au cours des dernières
semaines, j'ai décidé de regarder les choses
différemment. Je ne sais pas combien de temps il me

reste à vivre, mais j'ai décidé d'être plus présent à chacune de mes journées. Vicky m'a offert des massages, je pense que je vais accepter.

- En tout cas Marcel, on est là avec toi, déclare Maude, touchée par son histoire.

La réunion se poursuit, les résidents expriment ce qu'ils ont besoin d'échanger.

- Moi, ce qui me fait peur, c'est l'amour que je ressens ici ; ça fait peur quand tu n'en as jamais eu, avoue René timidement.

- Bien moi, ça ne me fait pas peur, dit Alex. Ginette s'occupe de moi et je l'aime beaucoup, ajoute-t-il joyeusement.

Et si cette situation était là... pour nous aider à être plus cohérents !

Il est quinze heures, l'heure du rapport d'équipe. On constate que les relations avec certains résidents sont très agressives. Parmi eux, quelques-uns sont toxicomanes.

René a des problèmes d'alcool ; il vient de s'emporter en insultant des membres du personnel et ce, d'une façon très dégradante et particulièrement boule-versante.

- On n'a pas de chance, car on a une clientèle très difficile, c'était tellement plus facile avant, dit Rachel découragée.

- Tu peux le voir de cette manière, dit Jean-Pierre. Moi, je crois que ce n'est pas facile car on a du mal à être cohérents. L'un agit d'une façon et l'autre d'une autre. Pourtant, il me semble que l'on s'était entendu pour ne pas accepter ses propos désagréables.

- Jean-Pierre, pour toi c'est simple mais pour moi cela dépend. Cette semaine, je trouve cela plus difficile. Je trouve René très agressif, dis-je sur un ton de lassitude.

Les résidents apprennent à l'équipe à être solidaires dans leurs façons d'être et d'agir. Lorsqu'une décision est prise au sujet de l'un d'eux, il leur faut tous la suivre et l'appliquer pour ainsi éviter d'être divisés ; ce n'est pas toujours facile. Pour Marie, cette semaine est difficile, car en plus, elle vit des conflits avec son conjoint.

ON EST NÉS... POUR UN PETIT PAIN !

- C'est la deuxième partie de votre formation, dis-je aux trois nouveaux membres de l'équipe. Je veux vous parler de la transformation que l'on vit en tant que groupe à la Maison et vous mettre au courant de ce qui se passe actuellement. Vous constaterez comment notre regard s'est modifié depuis le début jusqu'à maintenant. On se voyait comme travailleurs dans un organisme œuvrant auprès de personnes rejetées par la société, marginalisées, mises à l'écart. Une problématique qui touche tous les tabous de la société. Ainsi, on percevait les résidents comme les victimes d'une société cruelle qui met de côté les indésirables.

... On se demandait comment se faire discrets. Être le plus loin possible, ne pas déranger les voisins, ne pas troubler la paix du quartier. Comment également préserver la confidentialité des résidents ? On préférait que la Maison ne porte aucun signe distinctif de tout autre domicile ; une adresse civique sur la rue St-Hubert, comme toute autre.

... Ainsi, on alimentait probablement la vision que le résident était une pauvre personne sans ressources ; on se percevait comme travailleurs dans un organisme où il allait de soi que l'on ait peu de ressources financières et que l'on sente ainsi toujours devoir se serrer la ceinture.

... Que de fois les gens nous disaient : « Ça ne doit pas être facile, comment faites-vous pour travailler dans un tel milieu ? », ou encore : « Ça fait pitié ! ». Ce type de propos arrivait à nos oreilles par personnes interposées : « Ils n'ont que ce qu'ils méritent ! » Tout ceci nous rappelait notre sentiment de victimes. On ressentait le même état d'être, devant la réalité de la recherche de fonds. Quand on abordait des proches autour de nous, on se sentait faire l'aumône.

Et si on était nés pour être boulangers !

... Ceci nous a conduits, comme groupe, à regarder plus profondément en nous et ainsi constater qu'il était difficile de demander.

... Personnellement, j'en suis arrivée à faire ce constat. J'ai été assez impressionnée de réaliser que j'étais intimidée de demander à mes proches, un service, une aide, peu importe. J'en étais même gênée de constater que je préférais souvent me priver plutôt que de demander. Comment rester dans une situation qui dérange le moins possible autrui ?

... Actuellement, on en est arrivé à tenir un autre discours, celui de réaliser profondément que l'on est très chanceux de travailler dans un organisme et d'arriver à voir toute la beauté que l'on vit chaque jour dans ce milieu.

... Notre regard de victimes se transforme en celui qui nous amène à prendre part à un mouvement de société basé sur des valeurs qui nous touchent et qui méritent d'être connues. Ceci nous amène progressivement à reconnaître qu'il est normal que nous ayons tout ce qu'il nous faut matériellement, comme organisme et comme individus.

... Chose amusante, on croise actuellement des gens qui nous encouragent à transmettre ce qui se vit ici. Quand des visiteurs viennent, ceux-ci nous font remarquer combien ce milieu est contagieux, de cette contagion du plaisir d'être ensemble. Cette ouverture semble attirer une toute autre vague d'événements et de possibilités pour la Maison.

Il leur a fallu dix ans pour s'afficher publiquement. Toutes ces années pour transformer un regard ! Celui de se cacher à celui de se dévoiler publiquement. La bannière « portes ouvertes » était pour eux le reflet de cette métamorphose.

ENFIN DES PARTENAIRES... NON PLUS DES BOURREAUX !

Marie et Serge se retrouvent à une réunion de concertation à laquelle assistent des représentants du milieu communautaire et du réseau public. Réunion où le point de vue des deux groupes est nécessaire. Les gens se sont assis de part et d'autre de la table. Leur position montre la formation de deux clans distincts.

- Comment puis-je faire pour ne pas encore une fois me sentir en position de victime qui doit subir le traitement de ces bourreaux payés pour faire le travail ? dis-je à Serge, en chuchotant à son oreille.

- Souviens toi Marie qu'aujourd'hui, notre objectif est clair ; créer des ponts et non les couper, répond Serge à voix basse.

Je me retrouve pourtant avec cette attitude fermée, en regardant les fonctionnaires avec qui je dois échanger mes idées. Ils ont l'air figé dans leurs habits gouvernementaux, le dernier cri de la bonne plume à la main. Le papier et les dossiers toujours préparés à l'avance et la réflexion mijotée depuis longtemps, prêts à démarrer avant même l'entrée en jeu ! Bien sûr leur langage, leurs points de repères, leur « position » peuvent encore une fois me faire sentir que nous, gens du communautaire, sommes des moins que rien, brouillons, éparpillés, revendicateurs. Des délinquants du système qui ne parlent pas comme eux d'efficacité, de rentabilité de consultation, de plan stratégique et j'en passe ! Me voilà de nouveau dans le jugement ! Pas très constructif, j'en conviens !

J'ai envie de ne pas écouter et d'attendre que mes collègues me résument le contenu de cette rencontre, quand tout à coup, Robert nous propose une autre approche :

- Et si on se reconnaissait pour ce que nous sommes, qu'on le dise, et qu'on voit nos partenaires avec l'honnêteté de nos limites respectives et surtout du potentiel pour arriver à des compromis malgré nos différences ? Il ne faut pas perdre de vue que nous sommes en effet présents à ces tables pour discuter de nos façons de faire, évaluer ou présenter des propositions face à tel ou tel projet ! Que notre point de vue ne peut être le même et que là est la valeur du travail ! Cette valeur, nous devons nous l'approprier, y croire fermement et la partager !

- La mise au point qu'a fait Robert a mis un terme à

cette dynamique de victime et de jugement que je porte, dis-je à Serge. Tout compte fait la personne fonctionnaire peut également me percevoir comme étant son bourreau.

Je réalise que le fait de rendre ces réunions intéressantes et surtout bénéfiques n'est pas facile dans le travail de tous les jours.

Le changement de tournure de la réunion m'a fait du bien, car il m'a permis d'avoir cet autre regard qui m'a aidée à comprendre nos places respectives.

Serait-il envisageable d'accroître cette transformation ?

En retournant chez moi, je me suis demandé ce qui se passerait si nous faisions un exercice pour envoyer de la lumière à chacune de ces personnes réunies autour d'une table de travail, avant même de débuter l'échange des points de vues ? Et si cette fonctionnaire avait, elle aussi, besoin de cette énergie qui calme lors de ces moments qui nous dévalorisent, touchent notre estime de soi et nos compétences respectives ? Peut-être aurions-nous du succès et du plaisir à nous retrouver autour de ces tables, avec le sentiment d'avoir fait du bien, pour soi et pour eux ?

**Pour intégrer la Transformation
au quotidien :**

1. J'utilise ma créativité pour changer les pratiques.

2. J'ose dire ce qui me touche.

3. J'accepte d'être bousculée.

4. Je vis la tourmente comme une occasion de transformation.

5. J'identifie mes émotions, je m'apaise.

6. Je m'ouvre aux autres, je me rapproche d'eux.

7. Je vois les autres comme des partenaires.

Chapitre 4
LE POUVOIR

Chapitre 4 - LE POUVOIR

Les intervenants :

- *Serge*, travailleur social, coordonnateur du bénévolat, membre du comité de planification
- *Nicole*, psychologue, membre du comité de planification
- *Marie*, infirmière, coordonnatrice des soins, membre de trois comités (planification, admissions, approches alternatives)
- *Maryse*, responsable du secrétariat
- *Susan*, éducatrice spécialisée, membre du comité d'approches alternatives
- *Vicky*, éducatrice spécialisée, massothérapeute, membre du comité d'approches alternatives
- *Claire*, naturopathe, membre du comité d'approches alternatives
- *Danièle*, infirmière
- *Rachel*, sexologue
- *Guy*, technicien en travail social
- *Patrick*, préposé

Les résidents :

- *Marcel*
- *Maude*
- *Marc*

LAISSER À L'AUTRE... *SON POUVOIR*

Assis dans la petite salle de méditation, Marie, Nicole et Serge se retrouvent pour une réunion du comité de planification.

- J'aime faire la réunion ici, dit Nicole. Je trouve que l'endroit nous incite à nous parler vraiment, à nous dire ce qui nous dérange, finalement à chercher des solutions réelles. Il est vrai qu'en plus, il n'y a pas de téléphone.

- Je suis confrontée à la notion de pouvoir, ces temps-ci, dis-je. Pourtant, c'est ce que je souhaite le plus, que chaque personne ait le pouvoir de s'impliquer, de prendre sa place. Oui à cette « déhiérarchisation », cette délégation des tâches, cet effort de ne pas tout contrôler ! Lâcher prise ! Des concepts clairs et rationnels qui ont tous un sens dans notre milieu.

... La fin de semaine dernière, je parlais justement de cela avec mon conjoint. Quelle était ma place auprès de notre fille ? Et la sienne ? Enfin, la place que je souhaitais qu'il prenne davantage. Il n'a pas contesté. Il m'a dit qu'en effet il se rendait bien compte qu'il pourrait être plus présent aux activités quotidiennes de notre plus jeune enfant.

... Je n'ai tellement pas de mal à prendre toute la place ! me suis-je entendu dire. De plus, j'ai un certain plaisir à le faire et surtout je connais la façon dont ça devrait se passer !

... En lui faisant cette demande, je m'engageais à prendre du recul pour lui laisser sa place bien sûr ! J'ai réalisé à quel point la perspective d'une petite lueur de perte me tourmentait. Perdre une partie importante de ce qui me garde en vie ! Des gestes quotidiens qui me rassurent, me confirment que j'ai une part importante à jouer dans la vie de notre petite dernière, qu'elle a besoin de moi. J'étais consciente que ce rôle me donne main mise sur le pouvoir de décider, de choisir et de diriger ce quotidien !

... Et me voilà en train de demander à ce que cela soit différent ! Je fais le choix de ne plus être sur cette ligne de front, de me retirer un peu et de laisser aller. Cela n'a pas tardé et notre fille s'est retrouvée tout à fait satisfaite de cette présence paternelle et en a demandé davantage. Il l'a fait à sa façon et j'ai réagi à ce qui m'est apparu incomplet. Il m'en a reparlé. J'ai trouvé cela difficile de réaliser que je contrôlais encore. En y repensant, je trouve qu'il avait raison. Cela vaut la peine. Cela a été la même chose avec nos plus grandes, lorsqu'il s'est impliqué. C'était tellement agréable pour tout le monde, plus léger pour moi.

- C'est une réalité bien présente au sein de l'équipe ces temps-ci, commence Serge. Pour certains d'entre nous, il est difficile de laisser plus de pouvoir aux autres ; tandis que pour d'autres, c'est de le prendre qui est difficile. Lorsqu'on laisse la place aux autres et qu'on se retire du premier plan, des résultats fort intéressants surviennent. D'abord la satisfaction des autres à sentir qu'on leur fait confiance et que l'on croit en leur capacité d'agir, crée une certaine complicité et la répartition du travail devient agréable. Les différents regards et façons de faire enrichissent le tableau et font place à la créativité et à l'imagination. Il faut accepter bien sûr que l'autre prenne une voix différente de la nôtre. Voilà l'exigence du partage du pouvoir ! Une gratification pour certains, une leçon d'humilité pour d'autres, un équilibre plus grand au niveau des tâches.

... Tu étais absente à la dernière réunion d'équipe

Marie. Il y a eu un échange assez intéressant sur la question, lorsque Rachel a présenté son problème. En fait, il y a plusieurs points qui la fatiguaient dans nos réunions d'équipe. Elle a dit : « Faites quelque chose pour que ça se règle, après tout, c'est au comité de planification de décider ».

... Je me disais : « Elle a raison ! » J'ai culpabilisé de ne pas avoir « la » réponse lorsque le désir de faire sentir à l'autre que l'on a toute la capacité de la trouver, peut donner l'impression d'avoir du « pouvoir » ! Mais cette impression fait vite fausse route.

... Pendant que je pensais à cela, continue Serge, Danièle lui a dit : « Ce n'est pas comme cela que ça fonctionne à la Maison ». Elle lui a rappelé que nous avons pris une décision en tant qu'équipe de mettre tout le monde dans le coup ! Refuser que ce type de dynamique se poursuive et se dire plutôt, qu'ensemble, nous portons cette responsabilité de chercher des solutions ! Oui, ça redonne du pouvoir mais un pouvoir collectif et partagé !

... Il a été convenu que Rachel expose sur papier ses problèmes et propose des pistes de solutions, que nous allons examiner à la prochaine réunion d'équipe.

- C'est tellement facile de faire les choses à la place de l'autre, dis-je, pour compléter l'exposé de Serge. Pas seulement avec mon conjoint et avec l'équipe. Je rentre aussi dans ce vieux « pattern » régulièrement. C'est étonnant comment ces dernières semaines me le font encore plus ressentir, entre autres avec mon amie et ma sœur.

... Mon amie me disait l'autre jour qu'elle ne trouve plus de sens à la vie, elle pense même à se suicider car la souffrance est trop grande, même insupportable;

son mal de vivre m'a bousculée, et prise au dépourvu.

... Je me suis vite retrouvée à chercher quelques ressources : psychiatre, psychologue, centre de crise, médication ; j'ai tout à coup eu, moi aussi, mal au cœur ! Je me suis revue en train de rechercher à contrôler la situation.

... Quelques jours plus tard, ma jeune sœur est arrivée chez-moi, accompagnée de ses deux petits garçons, pleurant toutes les larmes de son corps, pour nous faire part de sa décision de se séparer. Elle est très proche de moi depuis plusieurs années. Me revoilà plongée dans une tristesse que je ne contrôle pas très bien. Tristesse, comme tu remontes vite à ma gorge! Pourtant, je nage au milieu d'innombrables souffrances qui s'expriment tous les jours dans la maladie, la mort, la solitude, le rejet et bien souvent, un mal de vivre profond.

... J'ai tenté de l'observer, un peu comme si je décidais de regarder ce voleur qui entre dans ma maison. Il me dérange bien sûr dans mon intimité, dans ma tranquillité, dans mon espace. Il vole cette partie de moi qui a meublé ma vie d'expériences ; il vient à première vue défaire ce qui est placé, rangé précieusement et prendre ce qui a de la valeur à mes yeux.

... Je me suis souvenue des paroles d'un moine bénédictin : « Face à la souffrance, il faut remercier ! Il faut accueillir cette noirceur dans nos vies ! Surtout, ne pas y résister ! » Je pensais qu'il était plutôt étrange et qu'il était peut-être de ceux qui parlent du mariage et demeurent célibataires ! Pourtant, il avait raison. J'ai été présente à mon amie et à ma sœur dans leur détresse.

- Moi aussi, renchérit Nicole, j'ai pourtant des périodes difficiles à traverser, mais mon regard sur ces événements n'est plus le même. Il y a quelques années, mon attitude aurait été celle d'accuser un responsable, de chercher un coupable pour que je crie à l'injustice ! Je me serais peut-être effondrée pour bien entrer dans mon rôle de victime qui n'a plus la force de se battre, ni la capacité d'aller de l'avant. J'aurais trouvé les personnes les plus compétentes pour endosser ma réalité exprimée, c'est-à-dire, ce désarroi sur lequel je dis n'avoir aucun pouvoir ! Je le fais encore à l'occasion mais moins souvent qu'avant.

MÊME DANS LA SOUFFRANCE, J'AI MON POUVOIR

- Et si cette souffrance était le tremplin à une transformation ? Et si mon amie et ma sœur avaient tous les moyens et toutes les capacités en elles pour traverser cette étape difficile ? Alors bravo pour ces événements ! Elles n'en seront que mieux et grandies. Si cela est vrai, j'ai un autre regard à porter sur cette souffrance, la mienne et celle des autres. L'accueillir est déjà une première étape. Je tends plutôt à l'éloigner, à espérer qu'elle disparaîtra comme un mauvais rêve ! Ce regard fera que je n'aurai pas ce vieux réflexe de sauveteur, qui laisse l'autre dans une vulnérabilité encore plus grande mais au contraire une attitude qui transmet un message clair : l'autre a le pouvoir de se prendre en main et les ressources intérieures pour se relever.

... Un réflexe qui m'appartient est celui de vouloir « protéger » les gens en souffrance. Trouver tous les moyens possibles pour que la douleur ou les « effets secondaires » aient moins de conséquences sur eux ou sur nous ! Ce réflexe en est un de protection oui, mais probablement bien plus dirigé envers moi qu'envers la personne concernée par ces événements ou ces périodes de crises !

- Je me demande, reprend Serge, si au fond, nous sous-estimons notre potentiel de pouvoir ? Est-il possible que celui-ci soit au-delà de ce que nous puissions imaginer ? Qu'adviendrait-il si on nous apprenait à l'utiliser à l'école, pour nous-mêmes ? Pourrions-nous envisager de l'utiliser dans une plus grande conscience humanitaire ?

Rien ne va plus dans mon corps

Un mois plus tard...

Marie entre saluer Marcel dans sa chambre. Il est couché, la barbe non faite et maugrée à son arrivée.

- Marcel, qu'est-ce qui t'arrive ? dis-je, en apercevant sa mine bougonne.

- C'est à cause de Guy, c'est un incompétent. Quand je lui ai dit cette nuit que j'avais mal au ventre, il a seulement été me chercher un sac d'eau chaude pour me mettre sur le ventre. J'ai encore mal ce matin. C'est lui l'intervenant, il devrait savoir quoi faire, il est payé pour ça, non ? déclare-t-il d'un ton méprisant.

- Tu es vraiment de mauvais poil ce matin. Tu ne penses pas que tu t'en remets un peu trop facilement à quelqu'un d'autre ? dis-je, d'un ton exaspéré.

- Dans le fond, je suis fâché contre moi, continue-t-il plus calmement. Je me suis empiffré cette nuit, pourtant je savais que j'aurais de la difficulté à digérer. Il faut que je fasse attention à ce que je vais manger aujourd'hui. Tu sais Marie, je suis bien placé pour savoir ce qui se passe dans mon corps. Ça m'enrage

76

quand je ne fais pas attention.

Je contemple une photo sur le bureau de Marcel.

- Marcel, qui est la personne sur cette photo ? C'est la première fois que je la vois.

Il y a deux gars souriants, un regard de complicité entre les deux. Ils sont devant une jolie maison. C'est la première décoration qu'il place dans sa chambre, me dis-je.

- C'est Jacques et moi. Je n'étais pas mal, n'est-ce pas ? interroge Marcel fier de lui.

- Assez beau en effet, tes yeux et ton sourire sont les mêmes, quand tu n'es pas grognon.

- J'ai perdu tellement de poids. Je ne sais pas si je vais en reprendre, un jour ?

Je tire une chaise et m'assois à côté de Marcel.

- Tu sais Marcel, moi aussi ça m'arrive souvent de ne pas faire attention. J'ai eu mal au ventre avant-hier soir. J'essaie de voir cela différemment. Parfois, j'y parviens, parfois j'ai plus de difficulté. Au lieu de me dire que je ne suis pas chanceuse et de rechercher une raison à l'extérieur, de me dire que j'ai mangé un aliment qui n'était pas frais, de me voir blâmer le magasin, en me disant : « Ils ne font pas attention aux aliments qu'ils vendent ! » J'observe ce que je vis, ce que je pense. Je deviens témoin.

Et si je regardais tout cela comme... une expérience !

Marie cherche à observer ce qu'elle vit, ce qu'elle fait

77

et pense tout bonnement comme une expérience. Elle se place un peu comme au théâtre ; assise en position de témoin dans la salle, en train de se voir jouer sur la scène. Elle devient à la fois actrice et observatrice de ce qu'elle vit.

- Mais je ne peux pas m'observer car pour faire cela, il faut du temps et le temps je n'en ai pas assez, dis-je à Marcel.

... Pourtant j'investis du temps pour essayer de m'équilibrer. Quand rien ne va plus, je consulte différentes personnes, un ou des médecins, pour avoir une médication qui remet en place ce qui ne va pas. Je consulte un peu partout ou encore, je prends toutes sortes de cours pour apprendre à aller mieux. Je sais que rien ne m'empêche de consulter des gens quand j'en ressens le besoin. Je peux donc prendre mon temps pour m'observer.

- Depuis que je suis malade, fortement handicapé, du temps, j'en ai beaucoup ! réplique Marcel. Je l'utilise souvent pour me tracasser.

Marie acquiesce de la tête, en accord avec les propos de Marcel. Elle poursuit l'échange.

- Je réalise également Marcel, que je suis souvent plus disponible pour prendre de mon temps avec un ami, lorsque celui-ci en a besoin. Lorsque je le désire ardemment, eh bien j'en ai du temps ! Maintenant, je constate que ce n'est pas vraiment long d'observer.

... Pour le mal de ventre d'avant-hier, je suis allée le regarder. Premièrement, j'ai repensé à ce que j'avais mangé. C'était de la nourriture assez équilibrée. Cette nourriture ne m'occasionne pas de problème normalement. Alors comment ai-je mangé ? J'avais tout mon temps, j'étais avec une amie. En revanche, j'ai réalisé que toute la journée j'avais été tendue. Je me sentais pressée par le temps. Je sentais une tension au niveau de la colonne cervicale en mangeant. Ceci m'a simplement ramenée à l'importance de prendre mon temps et si j'ai un horaire plus serré, d'apprendre à me détendre davantage.

- Je ne suis pas surpris ! ajoute Marcel attentif. Je te vois souvent si affairée ! Tu sais quand je suis assis dans mon fauteuil, le temps, je l'occupe à penser ou à observer les gens.

- Tu as bien raison ! lui dis-je. Poursuivant mon observation, cette fois-ci, j'ai réussi à ne pas me culpabiliser. J'ai vu cela comme un rappel de ce que cela me fait quand, en partant le matin, je me dis : « J'ai un horaire chargé aujourd'hui, ça va être difficile». Au lieu de prendre un événement à la fois, j'ai réalisé que simplement à la pensée de toute cette journée, j'avais les dents serrées. Je me dis qu'il y aura peut-être un événement perturbateur ou plusieurs éléments qui viendront s'additionner et occasionner un inconfort.

Quand Marie regarde la situation comme au théâtre, elle est amenée à observer avec beaucoup de légèreté et à constater ce qu'elle voit, sans prendre tout ce qu'elle vit avec trop de gravité. Elle est en mesure de se regarder avec plus de compassion et de voir ses actions comme une expérimentation. Peut-être aussi, avec une notion de plaisir. Ce qui amène l'expérience vers une plus grande connaissance de soi. Comment fonctionne l'être humain ? Comment peut-il vivre un bien-être ?

Marcel s'est assis dans son lit, son regard dénote un intérêt évident. Marie poursuit la conversation encouragée par le regard de Marcel.

- Prends comme exemple la confrontation que tu as eue avec Guy, dis-je à Marcel. Si tu la regardes comme quelque chose qui t'amène à une plus grande connaissance de toi, de tes réactions et de l'action à poser pour te sentir mieux dans ta peau et avec les autres, ce regard t'amènerait-il à te regarder avec beaucoup plus d'amour, au lieu de juger cela bien ou mal ? À te dire : « Intéressant, ceci me fait comprendre un peu plus le fonctionnement de mon corps et de mes émotions ».

- Tu sais Marie, on n'a pas appris à regarder les choses de cette façon, ajoute Marcel d'un air songeur.

- Je réalise, dis-je à Marcel avec sincérité, que c'est parfois difficile de m'observer avec beaucoup d'honnêteté sans toutefois vivre de la culpabilité qui ne rend service à personne. Marcel, te parler maintenant est pour moi une belle occasion de repenser à tout cela et ça m'aide à le mettre en pratique.

... Comme pour mon mal de ventre, une fois que je l'ai observé, je peux alors faire ce qui m'aide véritablement. Si je constate qu'un horaire chargé est source de stress pour moi, j'ai le choix de moins charger mon horaire ou encore d'adopter une attitude mentale différente face à cet horaire et de me détendre. À ce moment-là, les moyens sont multiples et je peux expérimenter lesquels me font du bien ?

... De plus, lorsque je regarde les situations ainsi, ça m'aide à avoir plus d'acceptation et un peu plus de compassion envers moi-même. Je me rends compte qu'il y a de bonnes chances que ceci m'amène à porter ce même regard sur les autres. Il m'est alors possible de les regarder eux aussi en train de vivre une expé-

80

rimentation.

- Ça me fait réaliser, conclut Marcel, qu'en ayant d'abord fait un bout de chemin avec moi-même, si j'ai besoin de support, l'autre, la personne ressource, la thérapeute, le médecin, sera là pour me guider, pour m'aider à reprendre contact avec cette partie en moi qui SAIT.

MON CHOIX... MON POUVOIR

Mardi matin...

- Susan, attends-moi, je veux aviser Maryse. Nous allons à la réunion des approches alternatives au café du coin, lui dis-je.

À table, Marie, Susan, Vicky et Claire apprécient ce moment de rencontre à l'écart du va et vient effréné de la Maison. Le soleil réchauffe et illumine l'ambiance. Les boissons chaudes, la musique en sourdine, tout devient propice à créer un temps de rencontre des plus agréables.

- Patrick m'a parlé de la dernière rencontre qu'il a eue avec une psychologue qu'il rencontrait depuis un certain temps.

- Je me sens prêt à arrêter les rencontres, car je me sens très bien, lui a-t-il dit, en entrant dans son bureau.

- Ce n'est pas encore le temps, lui a répondu la psychologue.

... Il a décidé qu'il était temps pour lui d'arrêter les consultations. Il se sentait beaucoup mieux, réalisant que ces rencontres lui avaient été un support bénéfique. Il se sentait dorénavant en mesure de cheminer par lui-même.

... Ça me rappelle, ce qu'a vécu mon conjoint. Le médecin lui avait dit : « Vous devez vous faire enlever un kyste sous un genou ; il est de la grosseur d'un citron. Vous avez un grave problème d'arthrite rhumatoïde aux jointures des mains ; elles sont très enflées et déformées ». Le spécialiste lui avait dit qu'il n'y avait rien à faire pour ses mains et que pour le kyste, seule une opération s'avérait possible.

... Il a peur des hôpitaux, imaginez une opération ! Il a d'abord pris des anti-inflammatoires et il a mal réagi aux médicaments ; il ne se sentait pas bien, il avait mal au cœur. Par la suite, il a reçu des injections de cortisone qui n'ont donné aucun résultat.

... C'est alors qu'il est allé voir un acupuncteur. Il voulait guérir « son » arthrite et voyait en l'acupuncture un moyen extérieur de ramener le bien-être dans son corps.

... En me parlant de tout ceci dernièrement, il m'a avoué que le questionnement de l'acupuncteur au sujet de son alimentation l'a amené à une prise de conscience importante : observer ce qui se passait en lui lorsqu'il mangeait ! L'acupuncteur lui a suggéré d'équilibrer certains aliments (diminuer les viandes et augmenter de façon significative les légumes et les fruits) et de régulariser ses temps de repas. Après avoir modifié son régime alimentaire, il a noté une amélioration au niveau des mains, une diminution de la douleur et de l'œdème, mais le kyste restait intact. Il a décidé de mettre fin aux séances d'acupuncture, car celles-ci s'avéraient coûteuses.

... Ainsi, il est allé voir un médecin naturopathe. Il l'a rencontré trois fois. Lors de la première rencontre, le médecin lui a dit qu'il voyait l'arthrite rhumatoïde comme une forme d'allergie à certains aliments ou à certaines catégories d'aliments que le corps ne parvenait pas à éliminer. De plus, il lui a dit qu'il avait lui-même souffert de cette forme d'arthrite et qu'il allait très bien maintenant, en fait, il s'en était guéri.

... Puis, il l'a questionné sur ce qu'il mangeait, sur la fréquence de ses repas, s'il mangeait avant de se coucher, etc. Il lui a donné un programme pour les cinq semaines suivantes : plusieurs aliments seraient mis de côté (produits laitiers, viandes, sucre, alcool, café), il devrait en réintroduire un à la fois et observer les réactions de son corps. De plus, il devrait prendre des suppléments alimentaires, à la fois pour compenser les aliments qu'il ne prenait pas mais également pour tonifier son corps.

... Lors de la deuxième rencontre, ils ont échangé sur les observations qu'il avait faites. Mon conjoint a remarqué que les produits laitiers, dans son cas, avaient provoqué un retour des douleurs, lesquelles avaient auparavant considérablement diminué.

... À la troisième rencontre, il a noté une diminution du kyste et une amélioration importante de l'état de ses mains. Il a discuté avec le médecin, puis il a décidé de continuer la démarche seul. Ce processus s'est avéré exigeant car il a nécessité une discipline constante pour conserver une alimentation équilibrée.

... Il a également constaté que l'exercice physique avait été un élément important durant toute sa démarche. Il m'a dit qu'il avait fallu qu'il effectue un changement « radical », c'est le terme qu'il a utilisé, car il avait eu suffisamment peur pour entreprendre ce changement.

... Aujourd'hui, il se dit guéri de l'arthrite. Le kyste sous le genou a disparu et les jointures sont redevenues normales. Il ne lui reste à l'occasion que quelques douleurs au niveau des poignets ; cette situation l'amène à continuer d'observer ce qui se passe en lui.

Et si l'harmonie... s'installait rapidement !

- Tu me fais penser à ma fille, dit Susan. L'été passé, elle travaillait dans une Caisse Populaire. Un soir, en rentrant du travail, elle faisait de la fièvre ; elle m'a demandé de lui faire un massage shiatsu. Elle m'en demande un lorsqu'elle sent qu'elle en a besoin. Elle devait travailler le lendemain matin.

... En terminant le massage, je lui ai demandé ce qui se passait en elle. Elle ne le savait pas ; elle est allée se coucher. Le lendemain au réveil, elle se sentait mieux mais faisait encore un peu de fièvre. Elle a décidé tout de même d'aller travailler. Elle ne devait travailler que quatre heures, ce jour-là.

... Le soir à la maison, elle dit à son père et à un de nos amis qu'elle avait compris pourquoi elle avait fait de la fièvre.

- J'ai eu très peur de cette journée du mois à la Caisse, avoua-t-elle.

... Depuis quelques semaines qu'elle y travaille, elle n'avait pas encore eu l'occasion de vivre un premier du mois à la Caisse ; le grand nombre de personnes avant même l'ouverture des portes, cet afflux constant qui persiste tout au long de la journée donnant l'impression de ne jamais voir la fin. Les autres personnes lui en avaient parlé et avaient fait monter son appréhension. Eh bien, sa fièvre a diminué et elle

84

s'est sentie très bien. De plus, elle a constaté que cette journée s'était très bien passée.

- Je constate, ajoute Claire, que ce qui est bon pour une personne n'est pas nécessairement bon pour une autre. N'est-il pas essentiel de connaître ce qui l'est pour nous ? Ce serait intéressant que l'on en vienne à utiliser toutes les connaissances et à travailler ensemble ; celles du milieu médical, de la naturopathie, de la phytothérapie. Toute une gamme de choix, afin que la personne puise ce qui lui convient le plus, en respectant ses choix.

Actuellement, il y a une division : d'un côté le secteur médical et de l'autre, le secteur alternatif. Ils sont l'un contre l'autre. À l'intérieur d'un même secteur, cette division existe.

Pourtant n'ont-ils pas ce même sentiment qui les anime : rendre service à l'individu ? L'aider à se sentir mieux, à reprendre contact avec lui-même et retrouver ce pouvoir en eux ? N'est-ce pas là l'intérêt qui les fait choisir le domaine où ils œuvrent ?

- Parfois il y a collaboration, poursuit Claire. Comme ce fut le cas la semaine passée pour René. Il avait un herpès labial et les médicaments n'en venaient pas à bout. René m'a demandé d'essayer quelque chose. Je lui ai proposé un mélange de gouttes d'huiles essentielles. Le résultat a été fort intéressant pour lui. Il en a reparlé avec son médecin. Celui-ci l'a encouragé à poursuivre les applications d'huiles essentielles.

... Ce que je trouve difficile à entendre, c'est de dire à quelqu'un qu'il n'y a plus rien à faire. Est-ce que le fait d'atteindre une limite avec une personne veut dire qu'il n'y a plus rien à faire ? Peut-être est-ce nous qui touchons notre propre limite avec cette personne ?

dis-je. C'est comme Maude. Elle n'allait pas bien ; lors de son petit séjour à l'hôpital, les transfusions sanguines lui ont fait le plus grand bien.

- En parlant de limites, je repense à Marcel, dit Vicky. Il change et semble vouloir dépasser certains blocages. La fin de semaine dernière, je lui ai proposé un massage. Je lui ai parlé des principes de ce massage qui aide l'énergie à circuler dans le corps. Il a été fort intéressé. Il m'a dit le lendemain qu'il avait senti des picotements dans ses doigts et bien sûr, il m'en a redemandé.

- Il a demandé des petites balles pour faire des exercices avec ses doigts, m'a dit Danièle. Il parait qu'il en fait chaque jour depuis et plusieurs fois par jour. Il aime que je lui rappelle de faire ses exercices. Il m'a également demandé de faire des exercices pour ses jambes surtout du côté où il sent des picotements. Je le trouve pas mal déterminé.

- Il dit à tout le monde, continue Vicky, que c'est à cause du massage qu'il va mieux. Les picotements l'ont encouragé.

- J'ai observé qu'à l'occasion, on met des obstacles à notre propre harmonisation, à cause de plusieurs facteurs. Se pourrait-il que ce soit à cause de nos schèmes de croyances, de nos peurs, d'une perte de confiance envers nous-mêmes ? propose Susan. Est-ce que je vous ai déjà dit qu'on a diagnostiqué un glaucome au niveau de mon œil gauche, il y a de cela plusieurs années ? Je me revois dans la salle d'attente du médecin avec, autour de moi, des personnes âgées. D'autres personnes qui, comme moi, avaient des problèmes de vision. Il me spécifiait que c'était plutôt rare à mon âge.

... Je n'ai pas trop aimé cela. En fait, j'avais peur car en l'espace d'un été ma vision, jusque-là excellente, avait chuté de moitié au niveau d'un œil. Il y avait eu des problèmes de glaucome dans ma famille.

... Bref, j'étais morte de trouille. Le médecin, fort sympathique, m'a dit ce que je devais faire : mettre des gouttes pour réduire la pression intra-oculaire et cela, pour le restant de ma vie. Je me souviens lui avoir répondu : « Un jour, je n'en aurai plus besoin car je comprendrai ». Il m'a gentiment souhaité bonne chance dans cette recherche.

... J'ai mis des gouttes pendant une année et puis j'ai décidé de les laisser de côté et d'observer ce qui se passait en moi. Ce fut une longue période d'observation où je suis allée chercher de l'aide auprès de plusieurs personnes. J'ai eu à accepter ma vulnérabilité et à accepter d'être guidée par ces personnes tout au long de ces années.

... Dix années déjà, et ce travail a débuté en prenant des cours de massage. Le professeur m'aidait à apprendre à m'observer, particulièrement au niveau des émotions. Puis j'ai suivi des cours auprès de personnes qui continuaient à m'aider, à cheminer dans cette observation, tant aux niveaux de mes émotions que de mes pensées. Finalement, j'ai partagé tout ce que j'observais, à la fois avec les personnes ressources et avec mes amis.

... Ce qui m'a incitée à continuer sur cette voie, c'est que j'observais des résultats qui m'encourageaient, comme l'arrêt de la pression que je ressentais dans mon œil et qui me portait constamment à le frotter.

Maintenant, je vois mieux de cet œil. L'autre a toujours été en excellente santé. Je continue à faire ce travail d'observation, non seulement au niveau de mon œil, mais également sur moi-même. Je remercie mon œil, car il m'a donné la chance d'avoir ce nouveau regard. Ces temps-ci, je remarque les observations des gens, de mes amis face à la vision.

- Susan, comment se fait-il que tu ne portes pas de lunettes ? me dit-on. À notre âge, il est normal que la vision baisse.

- Intéressant, mais pourquoi la vision devrait-elle baisser ? Je riposte. Et pourquoi notre attention ne se porterait-elle pas sur de bonnes nouvelles ? On associe vieillesse à perte de vision. Notre regard ne pourrait-il pas se porter sur les personnes qui vont bien et sur ce qu'elles font pour rester bien ou encore sur celles qui n'allaient pas bien mais qui vont mieux ?

Susan constate que d'avoir une vision qui va mieux va à contre-courant de la société actuelle. Dans ce contexte, pour elle, cela devient difficile de conserver cette assurance au sujet de l'amélioration de sa vision. Elle note que les remarques de ses amis l'influencent et peuvent avoir un impact négatif sur elle.

- Ne pourrait-on pas, ajoute Susan, s'amuser à imaginer que notre vision s'améliore et se voir en train de faire des choses qui actuellement sont difficiles ?

... Je me demande jusqu'où on pourrait imaginer des possibilités d'amélioration ? Et si, associer la pensée, la parole et l'action dans une même direction pouvait avoir un impact sur nos vies ?

... Si mes yeux vont mieux mais que mes paroles disent: «J'ai peur de devenir aveugle » ; si je suis toujours inquiète, en train de rechercher constamment des signes de faiblesse tout en me faisant chaque jour des tests pour vérifier si en effet ils vont mieux, alors le résultat sera probablement fort différent que si, ce que je pense, dis et fais vont dans la même direction.

- C'est une réflexion intéressante, Susan, conclut Vicky.

JE PRENDS MES DÉCISIONS... JUSQU'À LA FIN

Vendredi matin, un mois plus tard...

Marc veut louer un appartement, une chambre en fait. Il veut partir de la Maison d'Hérelle.

- Je n'en peux plus ! me dit-il exaspéré.

Rien ne le fera changer d'idée, rien ne l'empêchera.

Son frère et son beau-frère ne partagent pas son point de vue, en fait ils trouvent cela tout à fait impensable. Il vivait chez ce beau-frère avant d'entrer à la Maison. Tous les membres de sa famille étaient exténués.

Aujourd'hui, on décide de faire le point. La travailleuse sociale est présente. Il y a également le frère, le beau-frère de Marc et moi.

Il est allongé sur le divan du salon. Il a du mal à rester assis.

- Ça l'air sérieux ! lance-t-il d'un ton sarcastique.

En effet, nous sommes nombreux. Il semble que la rencontre se fera ici, au salon. Les résidents l'ont senti car les deux qui étaient là sont partis.

- Ça n'a pas de sens Marc, tu n'es pas capable de rester seul, disent tour à tour son frère et son beau-frère. On t'aime Marc et ça nous énerve de t'imaginer seul quelque part. Tu sais qu'on est plus capables, tout le monde est à bout de nerfs dans la famille. Tu as demandé un peu chez chacun de nous mais là, on est plus capables.

- Je n'ai pas besoin de vous, répond Marc, d'un ton sec. Je vais me chercher un logement tout seul.

- Mais comment penses-tu t'organiser ? lui demande son frère.

- Bien, il y aura le CLSC.

- Le CLSC t'hébergera probablement le jour. Que feras-tu, le soir et la nuit ?

- Ne vous en faites pas. Je vais me débrouiller, annonce-t-il fièrement.

- Tu dis que tu veux partir parce que tu t'ennuies ici ? dis-je à Marc. Parfois, tu sonnes dix fois en une heure. Tu descends de ta chambre au salon et peu de temps après, tu veux remonter dans ta chambre. C'était comme ça aussi chez ta sœur. Bien nulle part, n'est-ce pas Marc ? Se pourrait-il que tu ne sois pas bien dans ta peau ?

- Ce n'est pas parce qu'on ne t'aime pas, au contraire, explique le beau-frère. Mais on pense que tu ne seras pas bien et nous, on ne veut pas que tu sois mal en point.

- Je comprends, mais mon idée est claire, je veux partir, affirme Marc d'un ton qui n'entend aucune réplique.

Marc se lève du fauteuil, embarque dans le fauteuil

90

roulant pour se prendre un verre d'eau. Il est épuisé. Il veut nous montrer qu'il peut le faire.

- Comment feras-tu pour changer tes culottes d'incontinence, tu as toujours besoin d'aide ? questionne la travailleuse sociale.

- C'est parce que je compte sur vous autres et qu'en fait, je suis capable de le faire, rétorque Marc devant ce constat.

- Hier matin tu as eu besoin d'une personne pour t'aider à te laver, lui dis-je. Mon impression est que tu ne veux tout simplement pas voir cette réalité.

- Je me laverai seul, répond-il, agacé.

- Si tu te sens prêt à prendre un appartement, tu es aussi prêt à t'en chercher un, continue son beau-frère. Tu n'as qu'à faire les démarches toi-même.

- Je n'aurai pas de problème à m'en trouver un moi-même, affirme Marc.

La travailleuse sociale lui explique les limites du CLSC face à ses besoins. Elle lui répète que ses besoins sont multiples.

- Débrouille-toi tout seul pendant la fin de semaine, suggère son beau-frère. Tu vas voir comment ça se passe.

- Je suis tout à fait d'accord, dit Marc sûr de lui.

Tout le monde est d'accord pour que je dise à l'équipe de laisser Marc s'organiser tout seul cette fin de semaine. On en reparlera lundi matin. Cela implique donc de le laisser se laver seul, se changer, prendre ses affaires, se déplacer seul pour aller manger... Je trouve la suggestion assez dure pour Marc.

- Je suis tout à fait d'accord, nous répète-t-il.

Chacun part de son côté. À peine 30 minutes après le départ de ses proches et de la travailleuse sociale, Marc me cherche dans la Maison.

J'ai déjà fait circuler la consigne à son sujet. Il a le souffle plus court. Il a de la difficulté à respirer, de toute évidence, il est inquiet.

- Que se passe-t-il Marc ?

- Laisse tomber la consigne, me dit-il.

- Pourquoi ?

- J'ai réfléchi et réalisé que ça n'a pas de sens. J'ai beau avoir la tête dure, mais il y a des limites, parvient-il à dire à bout de souffle.

Marc se trouve pris, de façon tout à fait compréhensible, entre son désir d'autonomie et la conscience de la perte de celle-ci. Marie lui parle de l'attention que lui porte sa famille et des limites qu'ils ont. Elle lui parle de leur épuisement à prendre soin de lui. Elle lui fait voir que ceci n'enlève rien à l'amour qu'ils lui portent.

- Il est temps que je sois un peu moins égoïste et que je pense aux autres, avoue-t-il l'air triste.

- Je t'encourage Marc à continuer de faire ce que tu es capable de faire par toi-même. Je t'assure qu'on sera là lorsque tu auras besoin d'aide.

L'expression des limites émotives et physiques de ses proches a aidé Marc à regarder réellement la réalité. Personne n'a décidé pour lui. Il aurait pu aller expérimenter ce qu'était vivre seul dans sa condition.

Pour intégrer
mon Pouvoir au quotidien :

1. Je crois en mon pouvoir, je n'ai nul besoin de dominer l'autre.

2. Je sais que mon pouvoir est présent même dans l'épreuve.

3. Je considère ce que je vis comme une expérience.

4. J'observe cette expérience tout en étant actrice (teur) et observatrice(teur).

5. J'ai la liberté de décider.

6. J'ai le pouvoir de recréer l'harmonie.

7. Je prends possession de mes décisions à chaque instant.

Chapitre 5
AU CENTRE DE SOI

Chapitre 5 - AU CENTRE DE SOI

Les intervenants :

- *Marie*, infirmière, coordonnatrice des soins, membre de trois comités (planification, admissions, approches alternatives)
- *Susan*, éducatrice spécialisée, membre du comité d'approches alternatives
- *Vicky*, éducatrice spécialisée, massothérapeute, membre du comité d'approches alternatives
- *Claire*, naturopathe, membre du comité d'approches alternatives
- *Nicole*, psychologue, membre du comité de planification
- *Jean-Pierre*, infirmier et membre du comité d'admission
- *Denis*, infirmier

Les résidents :

- *Marcel*
- *Bruno*
- *René*
- *Jean-Yves*
- *Alex*
- *Line*
- *Mathieu*
- *Benoît*

Les bénévoles :

- *Monique*, à l'intervention, membre du comité d'admission
- *Louise*, à la massothérapie
- *Paul*, animation de réunions d'équipe

Les stagiaires :

- *Fabienne*, étudiante en psychologie

L'AVENTURE AU CŒUR DE SOI

Dix mois déjà depuis l'arrivée de Marcel...

- Marcel, il est bien précieux pour moi ce temps que nous prenons ensemble, lui dis-je.

- Regarde, je suis capable de me brosser les cheveux. Ce n'est pas tout ; je bouge la jambe aussi ! me dit-il, un sourire aux lèvres.

Il prend une gorgée de jus.

- Ça aussi, je peux le faire maintenant. Peux-tu m'aider, je voudrais m'asseoir dans le fauteuil roulant ? demande-t-il.

- Marcel, quels progrès tu as fait ! C'est merveilleux, tu es capable de t'aider en t'appuyant sur ta jambe.

- J'avais hâte de te le montrer. Vicky m'aide beaucoup avec les massages qu'elle me donne, les soirées où elle est moins occupée. Tu sais, j'ai même senti des picotements dans mon côté gauche. Ça m'encourage. Et puis il y a Danièle qui m'aide à faire des exercices; elle m'a donné de bons trucs. Tout ça me stimule, raconte-t-il avec enthousiasme.

- J'ai envie de te raconter une histoire, lui dis-je. Je sais que l'on se passionne tous les deux pour les voyages. Celui-là, vois-tu, n'a pas de carte maritime. Comme si on naviguait sur une route inconnue. Chaque voyageur fait le voyage lui-même. C'est une carte unique. Elle ne pourrait pas être utilisée par un autre voyageur. L'itinéraire est chaque fois différent, jamais tout à fait pareil. Tu me suis Marcel ?

- Vas-y, je suis prêt !

- Je choisis de partir en voyage avec un ami, sur un bateau. Nous sommes seuls. Cet ami m'est très cher, je l'aime beaucoup. J'ai réellement confiance en lui. Un très bon ami en vérité. C'est en toute confiance que j'embarque sur ce bateau. La mer est magnifique. L'air est si bon et le soleil est là, présent, une belle journée ensoleillée. Il me propose de prendre une direction. Je le suis. Pourtant, à l'intérieur de moi, j'aurais préféré aller un peu plus vers l'est. Mais en fait, je me dis : « Peu importe, il a l'air si heureux d'aller dans cette direction. Je veux lui faire plaisir ». Je ne dis rien et suis le chemin de mon ami.

... On se dirige vers une île, au climat chaud et humide. Quelque chose en moi résiste à l'idée d'y accoster. Mon ami la connaît bien. Il me garantit que je vais l'adorer. Confiante en ses propos, voyant son enthousiasme, je le suis et débarque sur l'île. Cette nuit-là, j'ai du mal à dormir. J'ai une migraine et la nausée. J'ai également mal aux jointures. Ainsi se déroulent les quelques jours où je demeure sur cette île. Mon ami, lui, semble si à l'aise.

Comment se fait-il que je me sente comme cela, pourquoi cet inconfort ?

... Nous devons continuer notre voyage et reprendre le bateau. Nous naviguons quelques jours ; je redeviens plus à l'aise, profitant de la mer, du vent et du soleil. Une île à l'horizon ; on décide d'y accoster. Cette fois, l'idée me plaît bien. Cette île m'attire. Le climat y est plus sec, je me sens bien ici.

... Cette île regorge de fruits différents. Mon ami m'incite à en déguster un. D'un simple regard, je vois que ce fruit ne me plaît pas. Pour lui faire plaisir, j'en prends un morceau ; décidément je n'en aime pas du tout le goût. Par délicatesse, je ne dis rien. Mon visage réussit même à exprimer une mine de satisfaction. Mon ami est très content et je lui dis : « Mais c'est délicieux ! »

... La nuit suivante, de nouveau je suis mal à l'aise ; j'ai des maux de ventre et des maux de cœur. Mon ami est désolé de me voir ainsi et moi je suis trop mal pour me poser des questions sur mon état. Le lendemain la route reprend. J'évite tout questionnement ; de toute façon, je n'ai pas véritablement le temps, une autre île est en vue.

... Cette île est tout à fait charmante. Je m'y sens si bien ! Comme j'aimerais y demeurer quelque temps ! En fait y faire une véritable halte. Mon ami n'est point de cet avis, il me parle de notre horaire très chargé et m'incite à reprendre le large. À peine une journée sur l'île et nous voilà repartis. Je me dis : « Il a sûrement raison ! ». Quelque chose en moi demeure triste. En fait, je m'ennuie de cet endroit, l'île me manque et je suis fatiguée de toujours prendre le large. Mais je n'ose en parler. En moi s'installe une tristesse.

... On arrive sur une autre île. C'est bien joli ici et j'ai envie de dessiner ce que je vois. Comme c'est agréable de m'amuser avec ces couleurs. Mon ami me rappelle à l'ordre : « Marie, me dit-il, il nous faudrait sculpter, ainsi nous pourrions vendre nos objets et continuer notre voyage ». « Quel ami sensé ! », me dis-je. Je m'attelle à ce travail. Pourtant, je n'ai point grand plaisir à travailler la pierre ; c'est froid. Comme j'aimerais retrouver mon papier et mes crayons ! Mais je continue à sculpter. J'ai de plus en plus mal aux mains. Les semaines passent ainsi, le mal s'intensifie. Un matin, au réveil je réalise que je ne suis plus capable de travailler, car j'ai trop mal aux mains.

... Je suis triste. J'ai l'âme à pleurer. Mais je n'ose

pleurer, je me tais. Pourquoi pleurer ? Je n'ai aucune raison, mon ami est bien gentil avec moi ; l'île est jolie, le soleil est là, la mer est présente tout autour.

... Mais pourtant, mon visage est sans joie, mes yeux sont secs et cette tristesse m'envahit. Jour après jour, je m'enfonce dans cet état et j'ai l'impression que la flamme en moi, cette petite lumière, est en train de s'éteindre. Je ne vois vraiment pas comment cela pourrait changer.

Un jour, une vielle dame vient près de moi.

- Bonjour, qui es-tu ? me demande-t-elle.

- Je suis Marie.

- Qui est Marie, me dit-elle ? Qu'aimes-tu ?

Je pourrais lui parler de mes mains qui me font mal. Je n'ai même plus la capacité de sculpter.

- Qu'aimes-tu, insiste-t-elle ?

... Une immense tristesse m'envahit. J'ai l'impression que la mer se déchaîne en moi. Mais je ne réponds pas, je ne parle pas, je ne pleure pas. J'ai peur ! Peur de laisser aller cette marée en moi, peur de me noyer dans mes pleurs. Je me sens incapable d'affronter ce qui se passe en moi et je me sauve.

... Qui suis-je ? Qu'est-ce que j'aime ? Ces questions tournent constamment dans ma tête. Mais je suis incapable d'y répondre. Je ne sais plus ce que j'aime. Jour après jour, je me pose cette question mais la réponse ne vient pas.

... Puis, un jour, en marchant sur l'île, je m'arrête et

m'assois sur un banc ; l'endroit est bien calme. Je suis absorbée dans mes pensées lorsque tout à coup, je sens une main sur mon épaule. La vieille dame est là et tout doucement, elle s'assoit à mes côtés. Sans rien dire, elle reste là, gardant la main sur mon épaule. Je me mets à pleurer, pleurer, pleurer. Je lui parle alors de ma peur de me noyer dans mes larmes. Elle ne dit mot. Et je pleure encore et encore.

- Ne crains rien, me dit-elle, il n'y a pas de danger que tu te noies. Puis, elle me parle de la pluie qui tombe et tombe et tout à coup, voilà un arc-en-ciel qui se mélange à la pluie. Tout doucement, le soleil revient.

Je suis triste... mais je ne suis pas tristesse !

... Peu à peu, je m'apaise, je me sens soulagée. Pour la première fois depuis longtemps, je réalise que je suis triste maintenant mais que je ne suis pas tristesse. Je sens venir, du cœur de cette vieille dame, tellement d'amour pour moi, que cet amour alors s'éveille aussi en moi.

J'ai le cœur plus léger, et pour la première fois depuis bien longtemps, un sourire naît au coin de mes lèvres.

La vieille dame m'incite à revenir la voir. Je sais où la trouver.

- Qu'aimes-tu Marie ? demande-t-elle de nouveau en me quittant.

... Je réalise que je n'en ai plus la moindre idée. Je sais cependant que je peux très bien parler de ce que mon ami aime. Il aime la sculpture. Il aime ce fruit qui me déplaît tant. Un chat se promène autour de nous. Je peux également parler de ce que le chat aime. Il aime se coucher sous cet arbre. Je décide de me mettre en quête de ce que j'aime. En me levant un matin, je me rappelle que j'aime jouer dans l'eau de mer. Elle est là, toute proche et pourtant, je réalise que depuis fort longtemps, je n'allais plus m'y amuser.

... Je choisis de m'accorder ce temps. Je m'amuse avec les vagues. Comme il est bon d'être ainsi dans la mer ! Puis surgit en moi l'idée que quelqu'un pourrait avoir besoin de moi. Mon ami peut-être ?

... Est-ce égoïste de prendre ce temps pour moi ? Je me suis toujours dit qu'il était essentiel de s'occuper des autres. Je me promets d'en parler avec la vieille dame.

Je la retrouve le lendemain et lui pose la question.

- N'est-ce pas égoïste de m'occuper ainsi de moi ? Je sais maintenant que j'aime jouer dans l'eau, mais les autres ?

La vieille dame me répond en souriant.

- Tu sais, tu mérites bien de jouer dans la mer. Il est si important que tu t'occupes de toi. Tu t'occupes déjà beaucoup des autres, il importe aussi que tu saches le faire pour toi-même. Et encore Marie, qu'aimes-tu, qui es-tu ? demande-t-elle de nouveau, en partant.

... Tranquillement, je vais ainsi à la découverte de ce que j'aime. Un voyage bien agréable car il me conduit à un état de mieux-être.

- On dirait que je connais cette histoire, dit Marcel. J'étais persuadé que la petite lumière en moi était en train de s'éteindre, mais je sais maintenant, à l'intérieur de moi, que je peux aller mieux. Pourtant, si j'écoute les autres, je suis un vieil handicapé pour le reste de mes jours qui seront très courts. Le doute en moi revient alors envahir toute la confiance que j'avais. Les autres et leurs opinions prennent le dessus.

Marie et Marcel ont eu tous les deux ce sentiment de finalité. Marie face à ses sentiments. Marcel face à sa vie. Ils se rejoignent dans ce sentiment d'avoir été sur une voie sans issue.

QUE FAIS-TU ? JE TE DIRAI QUI TU ES...

- Que fais-tu dans la maison ? me demande Fabienne, une étudiante en psychologie venue de Suisse.

Elle est en stage pour la semaine. Je l'accueille aujourd'hui. Nous sommes installées dans la salle de massage. La pièce est au dernier étage. Les rayons de soleil rendent la couleur pastel des murs éclatante.

- Je suis à la recherche de Marie, dis-je simplement.

- Mais que fais-tu, insiste-t-elle, intriguée. Quel travail fais-tu ?

- Je suis passablement occupée à travailler sur moi. À réapprendre qui je suis, tout un travail n'est-ce pas? dis-je, amusée de son air surpris.

... Alors au contact des gens, des collègues, des résidents et des amis, je travaille à cette découverte et peu importe l'endroit où je me retrouve. Même en vacances, ce travail ne s'effectue pas de neuf heures à cinq heures, mais imprègne toute ma vie. Quel investissement je choisis de faire et que de patience, d'énergie ! C'est un engagement exigeant ! J'ai parfois l'impression de me retrouver à la case départ. Devant une émotion qui refait surface, je me dis : « Encore cette tristesse ! Je croyais que c'était réglé ! ».

- Qu'est-ce qui t'a incité à faire ce travail sur toi ? me demande-t-elle, de plus en plus intéressée.

- Parce que je m'étais éloignée de moi, j'ai eu besoin de faire ce chemin. Vois-tu, avant mon arrivée à la Maison, j'avais un autre travail. J'étais tellement mal que j'avais des maux physiques : mal au ventre, au cœur. J'ai décidé de laisser ce travail et me suis retrouvée à la case départ. Plus de boulot, mais un paquet de diplômes. J'avais l'impression d'avoir dégringolé l'échelle de la réussite. Je n'avais que deux choix, soit continuer à couler à pic, soit partir à la découverte de moi-même.

... Au début, ce fut très difficile. J'étais littéralement « morte de peur ». Puis, je suis devenue passionnée par cette recherche intérieure. Je voulais toucher l'essentiel et je savais que le choix d'aller dans cette direction était le bon.

... J'ai eu à regarder maintes choses : mes peurs et surtout, celles de gaffer. J'ai eu aussi à observer mes émotions, en particulier ce sentiment de dévalorisation face à moi-même. J'ai appris à me regarder avec beaucoup d'honnêteté, sans me juger. Ce n'est pas évident tout cela ! J'ai constaté que mon regard était porté sur la réussite. Réussir quoi en fait ? Réussir en faisant ce que l'on attend de nous depuis la tendre enfance ?

... Réussir à l'école, au travail, avoir un bon statut social, une position qui soit bien vue intellectuellement ou financièrement ? Réussir en ayant une belle maison, une belle auto, un beau chalet ? Bref, réussir en étant à la fois femme, mère de famille, travailleuse. Quelle pression sociale !

... Je me suis rendu compte que cela ne me satisfaisait pas. Mais d'où venait ce besoin de chercher autre chose, d'être encore là à me sentir insatisfaite ? Pourtant, j'ai un bon conjoint, de bons enfants, un bon travail ! Pourquoi ?

La Roue de la consommation, un cycle sans fin

... J'essayais de combler l'insatisfaction en consommant. J'achetais des vêtements qui me comblaient pour une journée, quelques heures, puis vite revenait ce vide. Alors, je consommais encore et je m'inquiétais de manquer d'argent. Comme solution, je percevais qu'il fallait travailler plus pour avoir plus d'argent, pour consommer davantage. Pourtant, ce sentiment de vide était encore présent.

... J'avais une vision des choses, souvent préoccupée par le futur ou encore accrochée à mon passé. Je réalise le regard que je pose sur la réussite a changé. Je veux tout bonnement réussir à être bien à l'intérieur de moi, être en harmonie avec moi-même. Je souhaite que cela s'imprègne dans chacune de mes activités, ici à la Maison. Dans chaque échange que j'ai avec les gens, au moment présent.

Pour les résidents tout comme pour Marie, ces questions : « Que fais-tu ? » « Qui es-tu ? » prennent un sens particulier. Au contact de la mort on re-questionne la vie !

- Je suis tout à fait conscient que je cherchais à contracter le virus, me disait Bruno l'autre jour, un jeune résident de la Maison. Je voulais en finir avec la vie... mourir de cela ou mourir d'autre chose. C'était une forme de suicide... Drôle de circonstances ! Depuis que je suis malade, je me sens plus entouré. Ici, on prend soin de moi, on m'accorde de l'attention... Je suis quelqu'un depuis que j'ai le sida!

Il disait cela, content de se sentir lui-même. En même temps, c'était dommage de l'avoir réalisé aussi tard.

Je me souviens avoir répondu à René :

- Tu as le sida... et après ? Tu es bien autre chose. Parlons de cela.

Marie, René, Bruno et les autres sont ramenés à l'importance « d'être ». Marie est habituée à se sentir bonne « intervenante », celle qui pose des gestes, qui passe à l'action ; celle qui cherche à dire les bons mots, les paroles rassurantes, les conseils appropriés. Quel défi quand il n'y a plus rien à dire ! Un résident se meurt. Un autre a perdu la notion du temps et de l'espace. Elle ne peut qu'être là, avec qui elle est.

MOI L'AIDANTE... AIDÉE !

Mardi après-midi, à l'Université...

- Je vous présente Marie et Monique. Elles ont accepté de venir nous parler de leur expérience dans le domaine de l'accompagnement aux mourants. C'est un thème qui mérite qu'on s'y attarde, dit Francine au groupe d'étudiants.

- Moi l'aidante, accepter d'être aidée ? dis-je. C'est plutôt compliqué. Pourquoi ? On s'étonne de parler de stress au travail, d'épuisement professionnel. À s'occuper des autres, des résidents, des collègues de travail, de nos enfants, de notre conjoint, de nos proches, on finit par s'oublier. Mais pourquoi donc, suis-je si fatiguée ? Étrange question ?

... Toute la journée, à mon travail, je m'occupe physiquement et moralement des résidents. Je suis également soucieuse de m'occuper de mes collègues de travail, de les supporter moralement. Je rentre chez moi après mon travail et je suis attentive à mes enfants, à leurs besoins, à ce qui s'est passé à l'école avec leurs amis. Je suis également attentive à mon conjoint, à ce qui se passe pour lui. Je m'occupe également des besoins de mes amis.

... Pourquoi ? Parce que me sachant à l'écoute, tous sont là pour solliciter ma présence, mon aide. J'ai toujours l'air si forte, si capable.

... Puis, je finis par réaliser que je suis fatiguée. Mais où arrêter cela ? Comment m'y prendre ? Qui est responsable de cette situation ? Peut-être est-ce mon travail ? Les gens m'en demandent trop ; les résidents exagèrent. Ils demandent des choses sans raison. Je constate que cette situation se répète un peu partout dans ma vie. Pourquoi les gens autour de moi me demandent-ils tant de choses ?

... Ne serait-ce pas plutôt parce que je suis habituée à aider les autres et que j'en suis venue à m'y perdre, à éviter de m'écouter, en partie du moins, à éviter de m'occuper de moi ? M'occuper de moi signifie beaucoup de choses.

Reconnaître mes besoins

... Reconnaître mes besoins s'avère déjà tout un processus. Encore faut-il être capable de les identifier. Je me demande si identifier mes besoins et y répondre ne serait pas aussi reconnaître le fait que je suis importante, que je mérite de m'accorder ce temps ou cette chose ? Ne pas le faire serait dire : « Les autres, eux, méritent une attention particulière mais pas moi ».

... Ce constat, à maintes reprises j'ai pu le faire. À mon travail, depuis longtemps on en parle et en

107

reparle. Je me souviens, il y a quelques années, de la décision de créer une pièce de méditation. Ceci fut une des premières suggestions du comité d'approches alternatives. Pourquoi ? Parce que l'on réalisait que nous aussi, on avait besoin d'un temps d'arrêt, d'un lieu pour nous aider à nous recentrer.

... Cette pièce de méditation existe toujours et plusieurs personnes l'utilisent. L'affiche à la porte est claire. **NE PAS DÉRANGER !** Ce temps est à nous. Mais cela n'était pas suffisant ; on réalisait que plusieurs, je pourrais même dire presque tous, avaient du mal à prendre du temps pour les repas. Pourtant, avec une présence de huit heures au travail, ce repos devrait être évident ! Mais quelle difficulté pour nous tous de nous arrêter ! D'où vient cette idée de « sauveteurs » ou de « missionnaires » ? Qu'avons-nous à prouver ?

... L'équipe a fait des progrès incroyables à ce sujet ; moi aussi. Plusieurs prennent même le temps de sortir à l'extérieur pour aller manger, ce qu'on ne faisait presque jamais auparavant. Je réalise encore souvent, que j'oublie de prendre ce temps. Malgré nos progrès, il nous reste beaucoup de travail à faire à ce sujet, à moi comme aux autres !

Oser... demander de l'aide

... Un autre point ne serait-il pas de savoir demander de l'aide ? Nous, intervenants, ne faisons-nous pas partie de la catégorie des gens qui se sentent assez forts ? Demander de l'aide n'est pas si simple que cela, n'est-ce pas ? On aurait tous tendance à dire : « Moi ? Oui, je suis capable de demander de l'aide ! » Mais en y réfléchissant un tout petit peu, on constate que l'on a plutôt du mal à en demander.

- Je peux facilement vous parler de cet aspect, oser demander de l'aide, dit Monique. L'autre jour, je suis venue faire du bénévolat malgré une douleur aux omoplates. Louise, une massothérapeute bénévole, m'a offert un massage.

... Je me sens coupable de recevoir un massage car je fais du bénévolat aujourd'hui, dis-je à Louise, bien installée sur la table de massage.

Nous avons discuté sur le droit d'être aidés, notre droit à la vulnérabilité. Nous avons également parlé de notre culpabilité de recevoir.

- Au début, me répond Louise, pour nous tous, il était clair que les massages étaient réservés aux résidents d'abord, puis à l'équipe, aux bénévoles et aux stagiaires en second. Une crainte toutefois nous habitait, que certains de l'équipe ou des autres abusent des massages. Depuis le temps que je viens ici faire du bénévolat, il n'y a jamais eu d'abus.

Je réalise que le regard de tout le monde a changé. Lorsqu'un membre de l'équipe reçoit un massage, les autres sont contents pour elle ou lui. « Vas-y, cela va te faire du bien ». Il y un soutien collectif devant ce besoin d'être soigné, d'être aidé.

- Ce jour-là, continue Monique, c'est Jean-Pierre un résident, qui m'avait encouragé à recevoir un massage.

- Les résidents sont même complices maintenant, dis-je, et nous regardent d'un œil différent quand, à notre tour, on ne va pas bien ! Je revois encore Jean masser la nuque d'une bénévole. Un petit geste de rapprochement et d'affection qui vaut cent milles mots. Et Luc, tellement habitué de recevoir des massages, demander à un intervenant : « Ça ne va pas aujourd'hui ? Plus ou moins ? Viens que je te masse un peu les épaules, c'est plein de tensions. Qu'est-ce qui t'arrive ? » Et les deux rient.

- Parfois, reprend Monique, je suis encore gênée de reconnaître le besoin que l'on s'occupe de moi. Lorsque je demande de l'aide, je le demande faiblement. En vérité, personne ne peut m'entendre. Ou encore, je le demande d'une façon tellement détournée, espérant qu'on le devine. Comment puis-je demander aux autres de me comprendre alors que j'ai besoin qu'ils verbalisent clairement leurs demandes ? N'ai-je pas à apprendre, moi aussi, à demander clairement, à reconnaître que j'ai ce besoin et à l'exprimer ? Je sais que j'ai encore pas mal de boulot à faire à ce sujet. Moi la « sauveteure », je dois apprendre à être aidée ! Un petit travail à faire sur mon ego ! Un travail où je prends conscience de ma vulnérabilité et où je l'accepte. J'apprends tranquillement mais je sais que ceci m'est encore assez difficile.

... Dans ce contexte, accueillir un collègue qui pleure, qui est bouleversé, qui demande à un autre de prendre le relais est une victoire et toute une étape !

L'équilibre... de la balance

... J'aime regarder cela comme le mouvement d'une balance. Accepter d'aider d'un côté du balancier et accepter d'être aidée de l'autre côté de ce même balancier. Ou encore, accepter de donner d'un côté et accepter de recevoir de l'autre.

... Ceci me ramène également à l'importance de donner en toute ouverture, sans attendre en retour. Il est pourtant juste dans mon regard de balancier, de recevoir un sourire, un clin œil, un coup de main ; il y a maintes façons de recevoir.

Dans ce milieu d'intervenants, de gens qui donnent,
Marie et Monique apprennent à chercher leur équilibre.
Trop donner à l'autre déséquilibre. Trop se donner en
oubliant l'autre déséquilibre autant.

Oser... mettre mes limites

- Parfois, j'ai le sentiment d'être débordée tout simplement parce que je ne sais pas comment dire : « Je ne suis plus capable ! » Peut-être qu'il y a trop de boulot ? Je constate que les gens exagèrent. Mais ils exagèrent quoi si je ne leur dis pas ? continue Monique. Au travail, on réalise que plusieurs résidents vont faire des demandes que l'on trouve exagérées : « Va me chercher un verre d'eau ! » Alors que la personne peut très bien le faire elle-même. Répondre à ces petites demandes devient envahissant. C'est une source d'insatisfactions à la longue.

- Une collègue de travail, dis-je, me faisait également remarquer que ce que l'on observe chez les résidents, par exemple leurs multiples demandes, est le reflet de ce que nous vivons, entre nous. En effet, on est constamment en train de faire des demandes aux autres. Nous en arrivons même à la constatation suivante : il suffirait de créer un nouveau poste ; cependant, très vite, la personne serait débordée.

- Dans cette difficulté à aller à l'essentiel, poursuit Monique, il y a également le désir de performance. Celle qui nous oblige à tout voir, à tout faire et bien entendu rapidement. On vit tellement cela, que l'on observe les pressions et on les projette sur les autres autour de nous. Les personnes en fin de vie nous aident à toucher l'essentiel. Nous sommes également habitués à passer par des petits détours pour y arriver, ne sachant pas toujours toucher ce qui est important.

... Luc faisait justement une de ces mille demandes, un verre de jus, quelques minutes plus tard, de la crème glacée, et puis encore autre chose. Son attente n'était jamais comblée, bien entendu. La vraie demande cachée derrière tout cela était de sentir une présence, de l'attention. En parlant avec lui, j'ai réalisé qu'en posant nos limites, on peut parfois aider l'autre à réaliser quel est son besoin essentiel.

- Ce qui se passe à la Maison d'Hérelle, se passe tout autant chez moi, dis-je. Lorsque j'ai commencé à méditer, je me suis fait un coin de méditation dans ma chambre. Au début, je disais à mes filles et à mon conjoint que j'allais méditer. C'était incroyable ! À tour de rôle, chacun venait me demander quelque chose. J'ai appris à leur dire qu'il fallait qu'ils respectent ce temps de tranquillité et ne viennent plus me déranger.

... J'ai également réalisé, qu'en fait, c'est moi qui avais du mal à m'accorder cet espace. J'ai vraiment examiné la situation et appris à me dire que j'avais le droit de m'accorder ce temps. Rapidement, tous ont appris à le respecter. Là aussi, c'est un domaine où j'ai beaucoup de travail à faire sur moi.

EXPERT EN QUOI !

Réunion d'équipe, mercredi après-midi...

- Les thèmes de discussion aujourd'hui, annonce Paul, sont des demandes que plusieurs d'entre nous ont faites. Les voici ! Nous, les intervenants, pouvons-nous imaginer que l'on ait choisi un tel milieu de travail pour apprendre, entre autres, à nous soigner nous-mêmes ? Que penser de cette image du soignant expert qui montre aux soignés ? Nous, les interve-nants, sommes-nous des gens détachés ?

- Pas trop facile, ajoute Guy. On parle d'expertise constamment. Il faut bien être expert en quelque chose!

- Je repense à ce résident, continue Vicky, qui avait eu trois diarrhées en très peu de temps. M'en occuper n'était pas ce qu'il y avait de plus agréable. Il maugréait constamment. Tout ce que je faisais n'était pas correct. Je me suis dit : « S'il sonne encore, je m'en vais au café du coin ! » Il a sonné de nouveau. J'ai changé d'idée et je suis montée dans sa chambre vraiment mécontente.

- Je veux que tu saches que j'avais l'intention de ne pas revenir dans ta chambre ! lui dis-je en entrant. Ce n'est pas du tout agréable de me faire engueuler comme ça ! De plus, ce n'est pas non plus agréable de te changer dans de telles conditions !

Il a été stupéfait, ses yeux se sont agrandis ; j'avais toujours été douce avec lui.

- Suis-je si horrible que cela ? m'a-t-il demandé l'air ahuri.

- Pire encore ! lui dis-je.

Son attitude a changé. Je l'avais aidé certes, mais lui aussi, grâce à cette situation, il m'avait aidée à dire vraiment ce que je pensais. Je réalisais que je n'osais pas, sous prétexte qu'il était en phase terminale, amaigri, et que pour lui, ça devait être bien difficile d'avoir ces diarrhées. J'ai à apprendre à dire les choses plus rapidement. Je réalise qu'il faut que je me sente à bout pour le faire.

Un peu d'humilité !

Je me souviens de Jean-Yves.

- Je te sens éparpillée, je ne te sens pas totalement avec moi en ce moment, m'avait-il dit un jour.

Mon orgueil avait envie de lui répondre spontanément:

- Bien voyons, je suis là.

La réalité était, qu'en effet j'étais assez préoccupée et il le percevait. Alors, il m'a aidée à me recentrer. Ça m'a fait beaucoup de bien. Grâce à sa remarque, j'ai pris du temps pour moi tout d'abord. J'ai également réalisé que lorsque je suis en mesure de mettre des priorités sur les choses, je suis plus présente à moi-même et aux autres.

- La même chose se passe pour moi, avec ma fille, raconte Susan. On peut échanger nos façons de voir la vie. Je reconnais que malgré son âge, il y a des domaines où elle peut m'apprendre bien des choses, en informatique, par exemple.

Et si je faisais confiance... au lieu d'être experte !

- Je pense à Alex, ajoute Claire. Il était tellement perdu avec cette démence ! Il va mieux aujourd'hui et il est devenu tout à fait conscient de ce qui lui est arrivé.

- Je vais refaire une demande d'emploi à mon ancien patron ! m'a-t-il dit, la semaine passée. Je suis capable de retourner sur le marché du travail, je suis tout à fait compétent !

Face à sa décision, je me suis posé tant de questions. Est-il apte à refaire ce boulot ? Ne va-t-il pas revivre un échec ? Devons-nous le décourager ?

- C'est comme Benoît, d'ailleurs, qui veut retourner en France, qui n'a pas le sou, mais qui fait toutes les démarches !

Quel défi pour moi et pour nous tous en fait ! Faire confiance et croire qu'ils auront les réponses à leurs questions, qu'ils feront face à leurs limites ! Mon instinct était, encore une fois, de jouer ce rôle d'expert, et de protecteur.

Et le détachement... alors !

- Il m'arrive souvent d'entendre : « Depuis le temps que tu travailles dans ce domaine, tu dois maintenant être en mesure de te détacher ! » raconte Nicole. Il est vrai que je parviens beaucoup plus qu'avant à me détacher mais ce n'est pas le genre de détachement dont on parle généralement. Ce que j'entends couramment, c'est cette distance qui place un mur entre le résident et moi. Quand je parle de détachement, il s'agit d'autre chose. J'accepte l'éventualité d'être touchée par le résident. Cependant, je ne prendrai pas son problème comme étant le mien ; je vais regarder la situation comme étant la sienne, en faisant tout à fait confiance à sa capacité d'y faire face.

- Plusieurs résidents en phase terminale me font penser à cette notion de détachement, dis-je. Line était très inquiète. En fait, je la sentais paniquée. J'ai décidé de passer du temps avec elle. Je sentais qu'il fallait que je sois tout près d'elle. Je me suis assise sur le bord de son lit. Elle me serrait fort les mains et je constatais qu'en lui parlant, elle se calmait. Je sentais son angoisse mais je ne l'ai pas faite mienne. Je l'accompagnais tout simplement dans sa capacité à se détendre. Vous savez que Line était très proche de moi. Il y avait une belle complicité entre nous. J'étais profondément touchée par elle, par ce qu'elle vivait, mais en même temps, je savais que ce bout de chemin lui appartenait.

L'échange... une occasion de mieux me comprendre...

- Je me souviens, poursuit Jean-Pierre, qu'au début, j'avais du mal à parler de la mort ; je me sentais si maladroit. Comment aborder cela avec des gens dont la plupart avaient mon âge ? J'avais peur de parler car j'avais peur de faire des gaffes. J'ai donc appris à voir cette peur en moi et à accepter l'idée de faire des erreurs. J'ai également constaté qu'il était aussi difficile pour eux d'en parler. Je dirais que nous avons appris ensemble à en parler, à sentir quand le faire, à respecter le processus. Ils m'ont beaucoup enseigné à ce sujet.

Toute cette équipe se sent en apprentissage. Loin d'eux cette image de l'expert qui montre au soigné. Un milieu de vie où les uns et les autres apprennent à se soigner. Peu importe qu'ils soient résidents ou intervenants. Ils sont à la fois attachés par l'amour qu'ils éprouvent les uns pour les autres, et détachés, constatant que chacun fait sa propre expérience.

AU FOND DE MOI, JE SAIS CE QUE JE VEUX...

Un mois plus tard...

Mathieu veut partir. Il en parle avec Denis. Il va beaucoup mieux et souhaite prendre un appartement, mais il a vraiment peur.

- Mais si... je n'ai pas assez d'argent... ? Je n'ai pas assez d'heures de travail ? Si je n'ai personne avec qui partager... ?

116

- Avec qui veux-tu partager l'appartement ? lui demande Denis.

Il souhaitait partager avec un ami, mais il vient tout juste d'apprendre que ce sera impossible. Il lui semble que son projet, qui lui tient tant à cœur, vient de s'écrouler. Mais avec qui partager ?

- Lorsqu'une porte se ferme quelque part, une fenêtre s'ouvre, lui rappelle Denis. N'y a-t-il pas une autre personne avec qui il serait possible que tu partages ?

Quelques semaines plus tard, Mathieu a fini par trouver un nouvel ami avec qui partager et maintenant il fait face à sa deuxième peur : « Aurais-je assez d'argent ? » Le loyer, la bouffe, les vêtements. Encore une fois, tout ceci semble insurmontable. Son déménagement s'organise.

- Comment ai-je pu avoir si peur ? J'ai suffisamment d'argent pour tenir le coup, dit-il plus calme.

Mathieu et Denis ont parlé des peurs qui envahissent et du courage qu'il faut avoir. La montagne d'hier, alors insurmontable, apparaît telle une petite butte.

Lundi matin...

En entrant au salon, j'aperçois Marcel. Il m'attend. Il est tout content de me dire qu'il a fait quelques pas en poussant sa chaise roulante dans le passage.

- J'ai décidé d'essayer tout seul, me dit-il, fièrement.

Pour intégrer
«Au Centre de Soi» au quotidien :

1. Je reconnais mes besoins et je les exprime.

2. J'ose demander et j'accepte de recevoir.

3. J'ai le droit de poser mes limites.

4. Je me regarde et j'accepte de me voir tel(le) que je suis.

5. Je me fais confiance dans ma capacité d'agir.

6. Je connais ce dont j'ai vraiment besoin.

7. J'aime, sans accaparer.

Chapitre 6
LA GUÉRISON

Chapitre 6 - LA GUÉRISON

Les intervenants :

- *Marie*, infirmière, coordonnatrice des soins, membre de trois comités (planification, admissions, approches alternatives)
- *Jean-Pierre*, infirmier et membre du comité d'admission
- *Susan*, éducatrice spécialisée, membre du comité d'approches alternatives
- *Guy*, technicien en travail social
- *Serge*, travailleur social, coordonnateur du bénévolat, membre du comité de planification
- *Patrick*, préposé
- *Danièle*, infirmière
- *Vicky*, éducatrice spécialisée, massothérapeute, membre du comité d'approches alternatives
- *Claire*, naturopathe, membre du comité d'approches alternatives

Les résidents :

- *Kevin*
- *Marcel*
- *Antoine*, membre du comité d'admission
- *Stéphane*
- *Philippe*
- *Pauline*
- *Bruno*
- *René*

Les bénévoles :

- *Monique*, à l'intervention, membre du comité d'admission
- *Ginette*, à l'intervention

Les personnes ressources extérieures :

- *Mario*, travailleur social

GUÉRISON D'UNE PARTIE DE SOI... ET LE RESTE ALORS!

Quelques mois plus tard...

- Tu sais, c'est extraordinaire ! Depuis que je prends ces médicaments pour aider mon système immunitaire, je me sens mieux et plus fort ; j'ai plus d'énergie, dit Kevin, tout heureux de prendre cette nouvelle médication.

Tout va bien pendant quelques semaines, puis un jour...

- Kevin, depuis quelque temps, je constate que tu es moins en forme, que se passe-t-il ?

- Je savais que les médicaments ne feraient pas effet sur moi. Au début, je pensais que c'était possible. Je me suis mis à penser de plus en plus souvent que le sida, et bien, c'est une maladie mortelle. J'ai d'ailleurs vu mourir tous mes amis, c'est bien clair que moi aussi, je vais mourir.

- Il y a de plus en plus de personnes qui vivent et qui vont bien, lui dis-je, pour le rassurer.

- Moi, c'est clair que je vais mourir ; au fond, je ne crois pas que l'on puisse s'en sortir, me répète-t-il d'un air défait. De toute façon, je n'en peux plus. J'ai toujours cette impression de devoir me battre pour rester en vie. Est-ce que ça vaut la peine ?

Kevin entretenait l'idée qu'il ne pouvait pas aller mieux. Au plus profond de lui-même, il était persuadé de l'éminence de sa mort. Son corps physique s'est mis à être de moins en moins bien.

Assis à la salle à manger, Marcel savoure un dessert. Il apprécie la nourriture de la Maison après son séjour à l'hôpital. Je l'aperçois.

- Marcel, je suis contente de te revoir, tu as l'air un peu mieux, lui dis-je.

- Les transfusions m'ont fait du bien. L'anémie était un effet secondaire d'un de mes médicaments ; alors le médecin l'a changé. Tu sais, j'ai pensé à bien des choses là-bas. Je n'avais plus le goût de faire des efforts. Voir les autres mourir m'affecte et parfois je me disais : « Qu'est-ce que ça donne si moi aussi je vais mourir dans quelques temps ? »

... On dirait que le fait d'avoir été si faible et de me rapprocher de la mort encore une fois, m'a secoué. Je me suis dit : « Bien voyons Marcel, ça vaut la peine de continuer à vivre ! » Je me rends compte, qu'encore une fois que je choisis la vie. Je me sens retrouver ce côté de moi qui aime les défis ! Je réalise que, tout au fond de moi, je crois que cela m'est possible et que j'ai vraiment le goût de vivre.

Kevin et Marcel ont deux expériences différentes dans cette recherche de la guérison. Kevin a cherché à guérir son corps physique. Ses émotions ne l'étaient pas ; sa tristesse, son découragement étaient toujours très présents. Au fond de lui, il n'avait jamais crû sa guérison possible. Marcel, lui aussi, oscille entre l'espoir et le découragement. Au plus profond de lui, il croit à l'amélioration de sa santé ; ses actions vont dans ce sens.

JE ME GUÉRIS... JE PRENDS POSSESSION DE MON POUVOIR !

Maintes fois à la Maison, nous avons témoigné de

l'importance pour une personne de prendre ses décisions et également de l'importance des guérisons que cette prise de pouvoir sur soi avait entraînées.

J'ai eu à participer à deux demandes d'admission durant la semaine, dans deux hôpitaux différents. Je croyais, de façon très évidente, qu'une personne était en mesure de comprendre ce qui lui arrivait et de faire ses choix.

Matérialiser mon choix... trouver la paix

Lors de la première demande d'admission, Monique et moi avons rencontré la sœur et une amie du futur résident. La demande de celui-ci était claire : quitter l'hôpital. Un mois auparavant, il était encore capable de marcher. Maintenant, il était alité et avait besoin d'oxygène.

- Quand pourrais-je quitter l'hôpital ? Je sais qu'en choisissant de quitter l'hôpital je choisis de stopper les traitements actifs, entre autres, celui d'aller vérifier ce que j'ai au niveau pulmonaire, dit-il.

- Demain, qu'en penses-tu ? Juste le temps d'organiser le transfert, de faire une demande pour l'oxygène et l'ambulance.

- C'est extra, nous dit-il, demain je serai à la Maison d'Hérelle, ajoute-t-il, l'air encouragé.

Monique et moi avons appris que, le soir même, il est entré dans le coma et peu après, il est décédé. Le fait de choisir d'arrêter ses traitements l'a peut-être également aidé à choisir de se laisser aller ?

- J'ai souvent constaté, raconte Monique, que la veille de leur décès, les résidents projettent un départ.

Parfois un voyage ou une visite. Pour lui, c'était probablement ce déménagement.

- Tout le monde a été très clair avec lui, dis-je à Monique, Jean-Pierre et Antoine lors de notre rencontre d'admission : le travailleur social, l'infirmière, la soeur du résident et nous de la Maison. Il avait la situation entre ses mains ; il a peut-être choisi de mourir ? Il savait que tout était organisé : la pharmacie, la compagnie d'oxygène, le transport. On aurait pu décider à sa place et ne rien organiser. Mais nous l'avons accompagné dans sa demande.

- Lors de la deuxième demande d'admission, poursuit Monique, le résident était hospitalisé depuis deux mois. Il n'avait plus aucune raison de demeurer à l'hôpital et il était encore trop faible pour demeurer chez lui. Son souhait était clair : rentrer chez lui maintenant. L'hébergement lui faisait peur ; on a clairement parlé de sa situation.

- Ces maisons-là sont comme un mouroir, avait-il dit.

- C'est vrai qu'au début, plusieurs personnes venaient en hébergement pour y mourir et pour certains, c'est encore le cas, lui dis-je. Mais d'autres viennent de plus en plus pour reprendre des forces et retourner chez eux. Ça serait intéressant que tu puisses parler avec Marcel, un résident qui est arrivé en phase terminale et qui maintenant va mieux. Peu importe ce que tu feras, c'est à toi de choisir.

Le lendemain matin, il avait pris la décision de venir à la Maison.

- Je ne trouve pas cela facile, avoue Jean-Pierre, de remettre la décision entre les mains du résident, surtout quand celui-ci est en phase terminale. Ni d'exprimer clairement ce qui se passe, ce que l'on ressent, ce que l'on observe ; tout cela avec beaucoup de considération, dans un souci d'une réelle préoccupation de l'autre.

- Vous savez, dit Antoine, c'est important, que la décision vienne du futur résident. Au fond de moi, je savais ce que je voulais. J'avais besoin de rassurer mes craintes et mes insécurités, les intervenants étaient là pour m'aider. Ceci m'a aidé essentiellement dans mon cheminement. Je me sens maintenant apte à retourner vivre en logement.

GUÉRIR... EN POSANT DES GESTES CONCRETS !

Aujourd'hui, j'ai une rencontre de mise au point avec Stéphane et son travailleur social, Mario. Ces jours-ci, je me sens bien, tranquille avec moi-même. Je réalise également que le problème de Stéphane ne me perturbe pas. Certaines mises au point viennent me perturber, souvent me confronter. Heureusement, ce n'est pas tout le temps le cas.

- Stéphane, depuis plusieurs jours tu te renfermes dans ta coquille, lui dis-je d'un ton paisible. Beaucoup de situations t'énervent : trop de bruits à la salle à manger, les gens parlent trop fort. Certains résidents sont trop extravertis pour toi...

- J'ai peur d'éclater et de devenir violent, nous avoue-t-il ; j'en suis capable. Maintenant, je me pointe à la salle à dîner très tard le soir, quand il n'y a personne.

- Tu es entré à la Maison, lui dit Mario, justement pour pouvoir être en contact avec des gens ; la solitude était pour toi très difficile à supporter. Tu devenais de plus en plus dépressif. Tu nous disais que tu voulais changer ta situation. Apprendre à être sociable, même si pour toi c'était un véritable défi, avec un diagnostic de maniaco-dépressif.

... Si tu veux modifier ces choses, cela t'appartient, poursuit Mario. Personne ne peut le faire à ta place. Tu as à choisir ce que tu désires faire. Rester dans ta coquille ou changer ce qui te dérange. Ça va t'obliger à prendre des mesures concrètes. Si le bruit te fatigue, alors il te faudra trouver une solution, par exemple dire aux autres de baisser le ton. Il y a des chances que si le bruit te dérange, cela puisse en déranger d'autres.

Un autre point le rendait mal à l'aise, il ne savait pas comment entrer en contact avec les autres, bref... comment se faire des amis.

- Avec qui es-tu bien ?

- Avec certains intervenants et aussi, avec un résident en particulier. J'ai aimé les discussions que nous avons eues ensemble, mais j'ai peur de le déranger. Il est souvent malade.

- Mais, dis-je à Stéphane, si on ne fait pas un pas vers les gens, comment peuvent-ils savoir que l'on a de l'intérêt pour eux ? Tu sais, c'est quelque chose que je tente de mettre en pratique. Aller vers les autres est une démarche pas toujours facile, mais les efforts valent la peine d'être faits.

- J'ai aussi le goût d'aider au niveau des réparations de la Maison poursuit-il, mais j'ai peur de prendre la place de quelqu'un.

- Tu as la possibilité d'en parler avec les personnes qui s'occupent des réparations.

Rapidement il a choisi de rester aux heures de repas, de parler aux résidents, et d'une manière plus étroite avec celui avec lequel il avait le plus d'affinités. Ce fut la même chose pour les réparations à faire occasionnellement dans la maison. Un sourire s'est inscrit sur son visage et tout le monde a pu constater la différence.

À toi de décider... tu es capable !

- La rencontre avec Stéphane est intéressante Marie, me dit Susan lors du rapport, au début de son travail. En fait, vous lui avez transmis ce message : « À toi de décider ; de toute évidence, tu en es capable ». Faire les choses à sa place lui aurait fait entendre un tout autre message.

- En effet Susan, on aurait pu le rassurer et prendre en charge la résolution de ses problèmes. Par exemple, rencontrer les résidents pour lui afin de lui faciliter la tâche et leur demander de baisser d'un ton dans la salle à manger. Ou encore, dire à Stéphane que la Maison n'est pas la meilleure ressource pour lui, qu'il pourrait aller ailleurs.

Quand Marie et Susan font tout à la place du résident, en voulant l'aider, elles lui transmettent le message qu'elles sont en mesure de s'occuper de ses problèmes, alors que lui n'en est pas capable. Elles lui disent qu'il n'a pas les ressources nécessaires, ou bien qu'il n'y a rien à faire face à son problème. En revanche, lorsqu'elles expliquent au résident les démarches à effectuer, elles lui transmettent la confiance en ses propres capacités.

Quand les autres résidents et les membres de l'équipe voient Stéphane ainsi changer et exprimer ce qu'il a à dire, qu'ils le voient véritablement être mieux, ils reçoivent le message que cela vaut la peine d'exprimer ce que l'on a à dire.

La situation de Stéphane vue sous un autre angle

Le travailleur social est de nouveau à la Maison, il vient me voir après avoir rencontré Stéphane.

- La situation que vit Stéphane, me dit-il, a éveillé en moi un questionnement que je souhaite partager. Dans mon milieu de travail, on se fait actuellement diverses réflexions au sujet de la maladie mentale. Stéphane a-t-il peur d'être blessé en essuyant des refus lorsqu'il entre en contact avec les autres ? Peut-être a-t-il déjà blessé quelqu'un ? Vit-il avec cette peur d'être blessé? A-t-il du mal à s'aimer au point qu'il peut difficilement imaginer que quelqu'un d'autre puisse l'aimer ? Et ses émotions, telles les montagnes russes, passent de l'euphorie à la tristesse la plus profonde. Ainsi, il oscille entre la profonde tristesse de se sentir seul et isolé et, d'autres fois, entre la joie et l'euphorie, lorsqu'il réussit à se sentir mieux avec les autres.

Peut-être lorsqu'il se plaint du bruit et du fait de devoir communiquer, est-il en face de sa solitude, encore plus profonde en voyant les autres être ensemble et heureux ?

Je me suis même dit que plus Stéphane fait un blocage sur son problème, en se disant : « J'ai un problème », plus il le renforce, si bien que celui-ci s'ancre de plus en plus profondément en lui.

Mario a mis le doigt sur la problématique de Stéphane en la percevant sous différents angles, en passant de la peur probable qu'a Stéphane d'être blessé, à sa difficulté de s'aimer, à son instabilité émotive ou

128

encore, à son incapacité de percevoir la vie autrement qu'à travers son problème.

ME GUÉRIR... EXPRIMER MES DOUTES

- Je ne me sens pas sûr de moi du tout ; je me demande souvent si mes interventions sont adéquates ou si mon jugement est bon, nous avoue Guy, à Serge et moi, lors d'une rencontre portant sur l'auto-évaluation de chacun de nous.

L'image qu'il nous projette est pourtant celle d'une personne confiante, pleine d'assurance, et tout à fait maître de lui. Guy n'est pas le seul, d'autres nous ont tout autant fait part de leurs doutes quand, par exemple, nous soumettons un problème qui a trait à une certaine partie du travail d'équipe. Leur réflexe est souvent celui de se sentir concernés et peut-être être la cause de la difficulté énoncée. Pourquoi se sentir si vite coupables, pas corrects, pas assez bons? Avec cette attitude, je retrouve leur besoin d'être rassurés et d'atténuer leurs doutes.

- Je sais aussi, dis-je à Serge, que je projette souvent cette image de maîtrise et de confiance, alors que tout mon être est fébrile et que personne ne peut le deviner! Cette attitude laisse l'autre interpréter mon comportement comme ceci : « Elle n'a pas besoin de moi, tout est sous contrôle, elle maîtrise très bien la situation, je ne m'impliquerai pas ».

... Pourquoi cette timidité à révéler mes doutes ? Il y en a tant, et plus souvent qu'autrement, je sais très bien que de les partager me fait réaliser que j'ai trop amplifié la situation, que tout est relatif !

Je les encourage à dire... mais pour moi, c'est difficile !

129

- Je pense également, Serge, que nous demandons aux résidents de vérifier si leurs interprétations des choses sont justifiées, de parler et de dialoguer entre résidents. Et nous, dans l'équipe, avons du mal à le faire !

- Cela me fait penser à Philippe qui souffre depuis des années des sentiments de rejet, de persécution, d'être la cible des autres, d'une certaine paranoïa poussée à l'extrême ; tout ce qu'on peut imaginer en terme de doutes et de fragilités.

On l'encourage à dire rapidement ce qu'il a à dire, ce qu'il voit ou ressent. Par exemple : « Marie est-ce que je peux te voir tout de suite, ça va mal ? Je veux que tu saches que je suis très inquiet ... ».

Il l'applique très bien. Ce qu'il fait m'encourage moi aussi à parler, le plus vite possible, de mes doutes, à partager mon sentiment d'insécurité, bref, à aider la guérison de ces petites parties de moi qui sont bien fragiles.

J'ai mal au ventre... je suis troublé

Jeudi matin...

- Philippe est allongé sur son balcon ; il se tient le ventre et crie. Patrick m'a demandé de lui apporter un « sac magique », afin de mettre un peu de chaleur sur son ventre, me dit Ginette.

Peu de temps après, je vois arriver Philippe.

- J'avais mal au ventre tout à l'heure. Ça faisait vraiment mal. J'étais tout en sueur.

- Tu vas mieux maintenant ? lui dis-je. Mais que t'est-

130

il arrivé pour avoir aussi mal ?

- Je me suis engueulé avec Patrick et ça m'a rendu vraiment très mal. Je ne me sentais pas bien d'être en dispute avec lui. C'est pour ça que j'avais mal au ventre. On vient de se parler et là je me sens mieux. Patrick m'a dit de prendre conscience de mon mal de ventre, car il était lié à notre mésentente et qu'ainsi je pouvais guérir une petite partie de moi.

Il me regarde avec un super beau sourire, fier de lui.

Ou encore l'histoire de Pauline qui avait un serrement au niveau du cœur. Devait-on l'envoyer à l'hôpital ? Je souhaitais vérifier la situation, et voir ce qui se passerait si elle réussissait à se détendre. Je m'assois à ses côtés ; je commence à lui masser la main en lui demandant de respirer doucement, Pauline se met à pleurer, un flot de larmes jaillit d'elle.

- C'est ma mère, j'ai mal en pensant à elle, je ne peux pas la voir, me dit-elle entre deux sanglots.

Les larmes ruissellent sur ses joues. Elle me parle longuement. Elle me raconte toute sa tristesse.

- J'aimerais la voir, dit-elle. Elle me manque tellement. Je me sens seule. Elle est âgée et elle a de la difficulté à se déplacer. Je trouve cela difficile, car depuis que j'ai le sida, il y a beaucoup de monde qui ne veulent plus me voir.

Elle éclate de nouveau en sanglots.

- Ils ont peur, peur de l'attraper, peur que les autres l'apprennent. Mais moi... je reste toute seule.

Je suis surprise de la tournure des événements.

131

Étonnée de voir le mal de Pauline disparaître et émue d'entendre les raisons de sa tristesse.

Philippe et Pauline ont tous les deux guéris une partie d'eux-mêmes. Philippe en se réconciliant avec Patrick et Pauline, en exprimant ses émotions retenues. Marie est témoin de ces guérisons. Elle est surprise de constater la rapidité d'harmonisation d'une partie des deux résidents.

Moi en colère... bien voyons donc !

Un ami vient me voir. En arrivant, il est visiblement irrité. Une discussion avec sa sœur a fait surgir cette colère. Devant moi, il s'en prend à la chaise sur laquelle il est assis. Il est vrai qu'elle branle un peu. Le ton de sa voix monte en parlant de la chaise.

- Il vaut mieux changer de chaise car celle-ci te met en colère, lui dis-je avec calme.

La chaise était-elle responsable de sa colère ? Sa sœur était-elle responsable de sa colère ? C'est ce qu'il disait. Se peut-il que cette colère soit déjà présente en lui et que la discussion l'ait déclenchée ?

Pour moi aussi, reconnaître ma colère est difficile ; moi que l'on considère douce. Je reporte la responsabilité de ma colère sur les autres ; mes filles, mon conjoint ou une porte que je viens de me fermer sur les doigts.

- Que de fois, lui dis-je, j'ai observé ma résistance face à des émotions que je vis. Celles qui sont pour moi très déplaisantes, je les juge et il m'est difficile d'envisager de porter en moi, ne serait-ce qu'une étincelle de cette émotion. Et pourtant, chaque fois que je réussis à entrer en contact avec l'une d'elles,

132

je deviens plus paisible.

GUÉRIR... NOS PENSÉES !

Réunion d'équipe. Mardi après-midi...

- Tout le monde sait que l'on doit s'impliquer pour que davantage d'argent arrive à la Maison. Ce n'est pas la première fois qu'on en parle en réunion d'équipe. Lorsqu'on a eu besoin de réaliser l'agrandissement de la Maison par l'achat des bâtiments pour accueillir six résidents de plus, le sentiment de tous était que les nouveaux besoins étaient bien au-delà de nos capacités financières, matérielles et humaines. Il a fallu planifier une stratégie de financement, de levée de fonds, de recherche de matériaux, etc. Cet exercice nous a vite fait réaliser quelles difficultés nous avions tous dans l'action de demander et de recevoir. Mais, plusieurs se sont impliqués ; on a demandé et on a reçu, déclare Danièle.

- Je me souviens de la première fois où j'ai animé une visualisation sur l'abondance, raconte Vicky, certains pouffaient de rire, d'autres étaient physiquement agités et d'autres, carrément en retrait, mais...

... Il y a eu des résultats concrets, sûrement liés aux démarches entreprises. Durant les semaines qui ont suivi nous avons reçu des meubles, de la literie, de la vaisselle, un don important que nous avait légué un résident décédé. On s'est dit : « Si on s'amusait encore à faire une visualisation aujourd'hui et après, échanger sur ce que représente l'abondance pour chacun de nous ? »

- Je nous invite donc à fermer les yeux, continue Vicky et à penser à l'abondance pour chacun de nous en nous disant qu'on y a droit pour accomplir notre travail; pour continuer à donner, il faut accepter de recevoir. On va prendre quelques minutes pour laisser monter ce qui peut entraver cette abondance...

- Je n'ai aucune difficulté à demander pour les résidents. Ceux-ci méritent cette abondance pour un mieux-être, poursuit Claire. Mais ce qui m'est venu en tête, c'est comme si l'argent rendait les gens injustes.

- Pour moi, ajoute Guy, l'abondance équivaut à plus d'argent et conduit au pouvoir de contrôler les autres. Je n'aime pas ça.

- C'est étonnant ce qui est venu à mon esprit, dis-je. C'est comme si l'abondance, pour moi, n'était pas conciliable avec le genre de travail que l'on fait. Un travail associé au don de soi, un peu comme si on était des missionnaires ; et les missionnaires ne sont pas riches !

- Et si on essayait de modifier nos schèmes de pensées? Il n'est plus nécessaire de porter le manteau de la difficulté, de la pauvreté ? propose Vicky.

- C'est vrai, renchérit Guy. Comment puis-je attirer de l'argent ou l'abondance vers moi, si je trouve qu'au fond, l'argent ce n'est pas correct ?

Les membres de l'équipe constatent qu'il y a un besoin réel d'avoir plus d'argent pour les besoins de la Maison. Cependant, eux aussi aimeraient en avoir plus pour eux. Leurs pensées sont toutefois des entraves à la matérialisation de leurs désirs. Un travail individuel et collectif devra être fait s'ils veulent guérir cette partie d'eux.

ET AUSSI... GUÉRIR L'ÂME

Deux semaines plus tard...

- J'apprécie, Susan, que tu t'occupes des résidents. J'ai besoin de rester seule, ici dans la pièce de méditation ; cette pièce m'apaise.

Oui, seule et penser à ton départ de la veille, mon cher Bruno. Tu es décédé hier après-midi, et comme ta mère, Johanne, nous le disait : « Tu es parti comme un ange ».

J'ai vécu cela comme un cadeau, un grand cadeau, le fait d'être en ta présence, hier.

Ginette, m'avait fait part du grand changement en toi depuis le début de la matinée et je suis allée te voir. Ta mère était à tes côtés et Ginette également.

- C'est une chose très difficile de voir mourir son enfant, m'a dit ta mère, mais de le voir souffrir, c'est encore plus difficile.

Tu ne souffrais pas physiquement ces derniers temps, mais souvent, tu avais cette détresse morale. Depuis plusieurs jours, tu étais bien calme, sans douleurs ; encore la veille, tu mangeais à la salle à manger, en fait, tu étais là au souper.

Ta mère te donnait son accord, elle t'accompagnait dans ce voyage de l'autre côté.

- Va rejoindre ton père, il t'attend, tes grands-mères aussi.

- Son père est mort d'un infarctus il y a un an et demi, me racontait-elle et une de ses grands-mères, il y a cinq ans.

En te caressant les mains et le visage, elle racontait comment tout jeune, à cinq ans, tu étais déjà bien téméraire sur ta bicyclette ; tu n'avais pas peur.

L'amour... comme guide

Tu n'avais pas peur Bruno.

- N'aie pas peur aujourd'hui non plus ; laisse-toi guider par ton père, par tous ceux qui sont avec toi de l'autre côté du voile ; mais aussi avec les êtres qui sont ici avec toi ; avec ta mère, avec Ginette et avec moi. Laisse-toi guider par l'amour qui est tout autour de toi. Avec l'amour de ta mère qui va continuer à vivre en toi et avec l'amour que tu apportes avec toi. Tout ça Bruno ça ne meurt jamais, t'ai-je dit.

On a parlé, Bruno.

- C'est comme la chenille qui se transforme en papillon et laisse son cocon de côté. On a aussi parlé de toi Bruno, quand tu te promenais en tricycle ; lorsque tu as fait le saut sur une bicyclette, tout était différent. Alors là, Bruno, c'est un grand changement. Il ne te sert plus à rien ce corps amaigri. Laisse-le ici et part.

Je t'ai massé les pieds Bruno et tu gémissais.

- Chaque fois que je le massais, il gémissait, me disait Johanne, ta mère.

Ta mère t'a couvert les pieds. Elle ne voulait pas que tu prennes froid. Pendant tout ce temps Bruno, tu étais si calme. À un moment, tu as eu des sécrétions dans la gorge ; ta mère était inquiète. Elle ne voulait surtout pas que tu souffres. Elle souhaitait te tourner la tête ; j'ai suggéré que l'on te place sur le côté, on l'a fait à trois ta mère, Ginette et moi.

136

- Doucement Bruno, doucement, c'est normal, t'ai-je dit en posant les mains délicatement sur ton visage.

Et tout est redevenu normal. Tu étais si calme et ta mère aussi. Tu réagissais si bien à ce toucher, tu te calmais rapidement.

Émouvant ce moment où Marcel est venu te saluer. Bruno, je sentais que tu appréciais sa présence. Il s'est mis à pleurer, profondément touché par ton départ. Ce n'est pas facile de s'attacher les uns aux autres et puis d'accepter l'idée d'un départ ; aujourd'hui le tien. Ce n'est pas évident d'admettre que toi, Bruno, petit rouquin aux fossettes et au beau sourire, que bientôt, très bientôt, tu files ailleurs.

Et puis cela ramène à l'importance de toute la vie, à l'importance des vraies valeurs, à l'importance de l'amour que l'on porte en notre cœur. C'est précieux Bruno, cet amour-là et tu en es baigné ; profites-en et pars avec lui ; sers-toi de cet amour pour décoller.

Je suis restée seule avec toi un bon moment, et je t'ai parlé de ce que je ressentais, de cet amour qui m'habitait.

- Tu sais Bruno, ce n'est pas apeurant ce que je ressens à cet instant, c'est tellement paisible que j'en ai les larmes aux yeux, te disais-je ; ce ne sont pas des larmes de tristesse mais d'une grande joie qui m'habite. Je ressens tellement d'amour en ce moment.

Je savais Bruno que tu m'entendais et je te disais de te laisser guider par ceux qui étaient déjà avec toi.

J'ai quitté ta chambre ; on se remplaçait. Peu de temps après, Jean-Pierre est venu me chercher. Ginette voulait me voir, alors je suis montée dans ta chambre. Tu venais de traverser une autre étape de ton départ ; ta respiration était maintenant juste au niveau de ta gorge. Pendant une vingtaine de minutes, tu avais semblé suspendu à un fil. Ton teint avait changé, tes lèvres étaient blanchâtres. Ta mère te caressait les mains. J'ai senti le besoin de mettre mes mains de chaque côté de ton visage. Je sentais un peu cela comme un accouchement à un Ailleurs. Nous sommes demeurés comme cela ensemble, les quatre, un bon moment. Et puis, un autre changement ; tu n'étais soudainement pas tout à fait prêt.

J'ai quitté ta chambre en t'embrassant, en te souhaitant bon voyage. Tu es décédé un peu plus d'une heure après.

C'est René, un autre résident que tu attendais. Pendant que tu te préparais, il se reposait. Ta mère le demandait depuis son arrivée mais il dormait. Comme toi, il avait passé une partie de la nuit éveillé et comme toi, il était prêt à mourir.

- René et moi, on sent régulièrement une présence à nos côtés, m'avais-tu dit. Des êtres sont là, parfois il y en a un, parfois plusieurs. Ces êtres sont rassurants. On se sent aussi partir vers une lumière et puis revenir.

Comme si tu te préparais tranquillement à ce Passage. Une belle complicité que vous aviez tous les deux. Un grand partage d'une même expérience, celle de la mort.

René m'a raconté comment il t'avait humecté la bouche, et il m'a dit qu'il voulait que cela soit pareil pour lui.

- Ne t'inquiète pas René, c'est certain qu'on y veillera.

Johanne, ta mère, est restée avec toi, elle voulait qu'on reste aussi. Plusieurs membres de l'équipe ont passé un moment avec elle et avec toi Bruno ; une dernière occasion de te dire au revoir. Ta mère aussi, tu l'avais attendue ; elle travaillait à l'extérieur de Montréal depuis quelques mois. Elle venait à peine de rentrer chez elle. Cela a permis à Denis, un intervenant, de la joindre à son travail.

- Une chance que ma mère est avec moi ! m'avais-tu dit, au cours des dernières semaines.

Johanne nous disait qu'il fallait qu'elle soit là, te voir, te toucher, être là pour réaliser que c'était bien vrai, que Bruno, son fils venait de mourir.

- On m'aurait dit qu'il était paisible et qu'il était mort paisiblement et je ne l'aurais pas cru, m'avait-elle dit.

Tu étais tellement calme. Tu es mort Bruno, la douceur de ton départ émeut mon cœur.

Ton corps a été exposé ici, à la Maison. Tu es resté le temps que les gens viennent te saluer. Johanne était chavirée. Claire, l'intervenante qui venait d'arriver pour la soirée, s'est occupée d'elle, en lui donnant un peu de *Rescue Remedy*, des fleurs du Dr Bach, cet extrait de fleurs qui touche l'âme en situation de choc physique ou émotif.

Ta mère s'est occupée, avec l'aide de Claire, des démarches au salon funéraire. Tu seras incinéré. Elle a demandé que tes cendres reviennent à la Maison d'Hérelle, ainsi elle viendra les chercher et revoir le groupe.

- J'ai besoin, a-t-elle dit en partant, de revenir vous voir.

Guy, un intervenant qui demeure près de chez elle, lui a offert d'aller la reconduire. On t'a accompagné Bruno, il importe maintenant d'accompagner ta mère.

Guérir l'âme... retrouver la paix

- Marie, me dit Vicky à mon arrivée, es-tu au courant pour René ? Il est décédé hier.

On se retire toutes les deux dans une partie à l'écart du bureau.

- Je l'ai vu hier et je le sentais bien proche de la mort. Il avait tellement maigri ; son visage était froid. Ce n'est pas étonnant qu'il soit décédé, si peu de temps après Bruno.

- Vicky, tu m'avais raconté que René priait Dieu et comme ce fut le cas pour Bruno, je lui ai suggéré de se laisser guider, dans la lumière vers Dieu, en partant avec plein d'amour, que de l'amour. J'ai humecté sa bouche. Il nous l'avait demandé à nous tous, c'est la seule chose qui le préoccupait : avoir la bouche humide.

- Je m'abandonne à vous, mon Dieu. Tout ce que je vous demande, c'est de goûter à des choses simples avant de mourir, voilà comment je suis devenu paisible, m'avait-il dit, quelques semaines plus tôt.

Il m'avait expliqué qu'en s'abandonnant ainsi, tout ce qu'il vivait était agréable. Il était émerveillé de vivre autant de moments si paisibles avant de mourir: s'occuper de ses plantes, avoir envie de décorer sa chambre pour Pâques. Il y avait deux petits paniers sur une tablette de sa chambre contenant des œufs qu'il avait décorés. Et puis prendre le temps de parler avec les gens et exprimer sa reconnaissance qu'on

140

passe du temps avec lui.

Je repense à cette soirée où je suis demeurée avec lui pendant une heure ; il m'a remerciée. Cher René, c'est un cadeau qu'il m'a fait en me partageant ce qu'il vivait et surtout, comment il en était arrivé à être paisible, bien des semaines avant sa mort.

La paix qui l'habitait maintenant n'avait pas toujours été présente, vraiment pas.

Quand il est arrivé à la Maison, il était assez mal avec lui-même et avait des problèmes avec l'alcool. Quand la douleur de vivre est trop intense, l'alcool gèle tout cela, mais la douleur refait surface. Je me souviens, combien il lui était difficile de toucher cette souffrance en lui.

- Que de rencontres à ce sujet on a eues avec lui, dit Vicky. On a tenté d'être honnêtes avec lui. En nommant ce que l'alcool avait comme conséquence pour lui et pour les autres résidents dans la maison. Et aussi au niveau de la responsabilité de ses actes, comme de devoir de l'argent à la Maison.

L'équipe a fait confiance à sa capacité de trouver la paix en lui. René pouvait choisir de rester dans l'engrenage « douleur-alcool-douleur » et d'éviter de regarder ce qui se passait en lui ou de vraiment se permettre de toucher cette souffrance et de trouver des solutions. Il a choisi le chemin vers la paix. Il l'a fait en trouvant des solutions à chaque chose qui lui occasionnait des tracas : d'abord ses dettes, puis, les zones de trouble à l'intérieur de lui, comme faire la paix avec des personnes qui l'entouraient.

- C'est un grand voyage au pays de l'harmonie qu'il a entrepris, continue Vicky. Je trouve cela étonnant à dire puisqu'il est mort. Ce n'était pas facile, il en avait souvent mal au ventre. Au fur et à mesure que cette paix s'installait, les douleurs au ventre diminuaient. Au cours des dernières semaines, il n'avait plus mal au ventre.

Même quand le corps ne suit plus... guérir l'âme

Bruno et René ont touché la paix avant de mourir. Trouver la paix en eux leur a permis de guérir leur âme, quand leur corps physique avait terminé son parcours. Marie a goûté à la sérénité au contact de Bruno et de René, pendant les derniers instants de leurs vies. Une sérénité qu'on appelle l'amour.

Vendredi...

Marcel est bien triste. Deux départs, ça chavire et ça ramène à sa propre expérience.

- J'ai de la peine, me dit-il. Je m'entendais bien avec les deux.

Il se met à pleurer. En m'approchant de lui, je le prends dans mes bras. Moi aussi, j'ai des larmes qui ruissellent sur mes joues.

- Moi aussi, je les aimais beaucoup, lui dis-je tendrement.

- Je réalise tout ce qui s'est passé en moi depuis que je suis ici à la Maison, me dit Marcel apaisé. Mon goût de vivre, mes peurs, mes colères. Je me rends compte que je suis vraiment mieux avec moi-même. Mieux à l'intérieur de moi et mieux dans mon corps. Je suis capable de me déplacer maintenant dans la Maison, avec une canne. Qui aurait cru cela possible ? Je suis allé à l'hôpital pour un examen et le médecin n'en revenait pas de me voir comme ça, bien vivant. Je me suis levé du fauteuil roulant et j'ai fait quelques pas en marchant. T'avais-je dit que j'ai reçu un appel de mon père ? Je ne pensais pas qu'on puisse se reparler un jour. Il parait que ma belle-mère ne va pas trop bien.

ET SI MON REGARD... ÉTAIT AUTRE !

Aujourd'hui, nous avons un invité. Il est d'origine indienne. Vicky lui a demandé de venir nous parler de sa conception de la guérison. Nous sommes dans la salle de massage. Sont présents ceux qui sont intéressés par le sujet : quelques résidents, des bénévoles et des membres de l'équipe. Je suis là ainsi que Marcel.

- Dans ma culture, débute-t-il, en portant un regard sur la maladie, on cherche à percevoir la personne malade. Pour nous, il ne s'agit pas que de toxines dans le corps ; il y a aussi tout le monde des émotions et celui des pensées.

... Vous savez que dans notre culture on croit au Karma. C'est-à-dire à ce bagage que l'individu apporte d'une vie à une autre. Pour nous, quand on parle de guérison, il faut penser guérir ce que l'on porte depuis bien des vies. On voit tout ceci comme des expériences dont on a à comprendre la signification.

... Il nous est possible d'entrevoir différentes perspectives : la personne n'a pas appris à s'aimer suffisamment, ou encore elle n'a pas pris le temps d'intégrer toutes les connaissances que cette expérience l'amène à vivre.

... Pour nous, il ne s'agit pas de guérir que le corps physique, par différents moyens tels les injections, les

143

médicaments, les plantes, l'alimentation. Il faut aussi toucher les différents niveaux de l'être : le corps, la pensée, les émotions et l'âme. Et que l'arrimage de ces niveaux amène une guérison de l'être tout entier.

... Certains dans ce courant de pensée croient qu'en se guérissant ou en aidant un individu à se guérir, ceci a une influence sur les autres individus présents dans son environnement immédiat. Cette guérison amène une guérison énergétique de beaucoup d'autres personnes, même à des distances très éloignées.

... Certains disent même que notre regard sur la maladie et la guérison n'est rien de plus qu'un regard. Que tout ceci inclut le fait que l'on accepte, comme société, et ce depuis fort longtemps, la notion de maladie ; de plus, que l'on établisse une structure autour de celle-ci. Bref, certains croient que la maladie n'est qu'une matérialisation de la société actuelle. Ceux-ci disent que, dans des sociétés très anciennes disparues de la terre, elle n'existait pas.

La présentation a donné lieu à une discussion très animée entre les participants de la rencontre. Tous se sont montrés satisfaits de l'échange. Chacun a donné son point de vue sur la maladie et la guérison. Ce sont, de toute évidence, des sujets présents dans la réalité de la Maison.

Pour intégrer la
Guérison au quotidien :

1. Je me guéris en agissant, je pose des gestes concrets.

2. Je me guéris en exprimant mes émotions.

3. Je vois l'autre comme un déclencheur de mes émotions.

4. Je guéris mon corps, mes émotions, mes pensées: je les observe, je les accepte, je les transforme.

5. J'utilise l'Amour comme guide.

6. Je guéris mon âme, je retrouve la paix.

7. Je vis la souffrance, la mort comme un Passage.

Chapitre 7
ENSEMBLE

Chapitre 7 - ENSEMBLE

Les intervenants :

- *Marie*, infirmière, coordonnatrice des soins, membre de trois comités (planification, admissions, approches alternatives)
- *Jean-Pierre*, infirmier et membre du comité d'admission
- *Claire*, naturopathe, membre du comité d'approches alternatives
- *Francis*, responsable de l'entretien
- *Guy*, technicien en travail social
- *Susan*, éducatrice spécialisée, membre du comité d'approches alternatives
- *Vicky*, éducatrice spécialisée, massothérapeute, membre du comité d'approches alternatives
- *Danièle*, infirmière

Les résidents :

- *Marcel*, membre du comité d'admission
- *Diane*
- *Antoine*
- *Gilles*
- *Cathy*
- *David*
- *Maude*

Les bénévoles :

- *Simon*, musicothérapeute
- *Monique*, à l'intervention, membre du comité d'admission
- *Ginette*, à l'intervention

Les stagiaires :

- *Catherine*, étudiante en médecine, venue de France
- *Annie*, étudiante en éducation spécialisée
- *Véronique*, étudiante en massothérapie

Les personnes ressources extérieures :

- *Jean*, animateur de groupe

ENSEMBLE... TRAVAILLER EN AYANT DU PLAISIR !

Marcel est en train de jouer à un jeu de société avec Diane et Antoine, au coin fumeur bien entendu. On les entend rigoler partout dans le salon.

Je m'approche d'eux, en compagnie d'un ami venu faire un tour à la Maison.

- Vous entendre rire ainsi me fait sourire chaque fois, leur dis-je amusée.

- Pour moi, rire, nous dit Diane, c'est bon pour ma santé. J'ai toujours été ricaneuse de tempérament. À l'exception de cette période de ma vie où rire était impensable pour moi. J'étais en contact avec une profonde tristesse. La mort de mon mari, la colère que j'ai vécue en apprenant que j'avais le sida, la perte de la santé que j'avais toujours eue, rien de tout cela ne me donnait le goût de rire. En retrouvant une qualité de vie, j'ai retrouvé le goût de rire. C'est un des éléments important qui fait que je me sens si bien aujourd'hui.

- C'est connu Diane, réplique Antoine, que rire est une excellente thérapie et retranche le stress. Il vaut mieux rire que de s'apitoyer sur son sort. Quand j'étais seul chez moi, j'étais confronté à ma solitude. Cette situation a fini par peser lourd sur mon moral. C'est plus facile d'avoir la joie de vivre et de rire au contact des gens.

- C'est parce qu'on se sent bien que l'on rit, dit Marcel. Je n'avais pas le goût de rire en arrivant ici. Des expériences éprouvantes, ça ne donne pas le goût de s'amuser.

Je m'installe dans le coin non-fumeur du salon et je

discute avec mon ami qui est déjà venu à la Maison, à l'époque où on habitait un seul triplex, où les chambres et les pièces communes se côtoyaient.

- Vois-tu une différence entre l'ancienne demeure et celle-ci ? Quelle impression as-tu ?

- Maintenant c'est joyeux. Est-ce la couleur des murs? Le fait que la Maison soit plus grande ? Qu'il y ait plus d'espace ? Lors de ma dernière visite, j'avais ressenti beaucoup de tristesse.

- C'était souvent plus triste. Peut-être que la promiscuité des lieux influençait les humeurs des uns et des autres ? Il faut dire qu'il y avait davantage de résidents qui mouraient à la Maison, à cette époque.

Marie et son ami tentent de saisir les raisons de la joie qui se ressent plus régulièrement dans la Maison. Plusieurs facteurs peuvent faire la différence et alléger l'atmosphère des lieux : l'espace physique qui leur permet de mieux se retrouver ; les changements survenus dans la problématique du sida ; la diminution du nombre de décès à la Maison et l'amélioration de la santé physique et psychologique de certains résidents. Même la couleur illumine le décor actuel !

- Regarde le visage des gens qui passent, me dit-il.

Il a bien raison ; en effet, un sourire radieux est présent sur les visages.

Rendre joyeux... souligner une fête

- Tu me fais réaliser qu'on s'amuse plus facilement avec plein de petits événements, comme lors de cette soirée avec Jean-Pierre.

150

- Savais-tu, me dit-il, que ce soir, c'est mon deuxième anniversaire de vie avec mon conjoint. Je travaille ici et il viendra faire du bénévolat ; ainsi cela nous donnera au moins l'occasion d'être ensemble.

Une idée m'effleure l'esprit...

- Claire, que dirais-tu si on allait acheter un petit gâteau au dépanneur pour eux ?

- Bonne idée, me dit-elle.

À l'heure du souper, on entre dans la salle à manger. On tamise les lumières et on leur chantonne : « C'est à votre tour, de vous laisser parler d'amour ». Il y a un sourire de complicité de la part de tout le monde, une atmosphère de tendresse des uns envers les autres.

Le soir de la fête de Gilles, il était très faible ; il n'avait pas l'énergie pour sortir de sa chambre, alors la fête est venue à lui. La chambre était bien petite, on était une bonne dizaine à lui chanter Bonne Fête. Quel bel effet au son de la guitare ! Quel sourire il a eu ! Il avait les yeux brillants.

... Je me rappelle également le soir d'Halloween. C'était un soir de fête où les résidents et les intervenants étaient costumés. Susan était déguisée en danseuse de l'enfer, avec un maillot de danse et un tutu rouge. Certains demeuraient dans leurs chambres parce qu'ils ne se sentaient pas en forme pour participer à la fête.

Susan frappe à la porte de Cathy.

- Cathy, c'est moi, je t'apporte tes médicaments, lui dit-elle.

En ouvrant la porte, Cathy a pouffé de rire la voyant

ainsi vêtue.

... L'autre jour, nous décorions des pots de miel au salon ; nous étions cinq, assis autour de la table à travailler, rigoler, faire des blagues. Comme ça faisait du bien de rire ! J'avais besoin de m'alléger le cœur; ces dernières semaines avaient été intenses.

... Lorsque Simon, le musicothérapeute, était venu faire du bénévolat, il avait apporté ses « patins à roues alignées ». Je les ai enfilés et j'ai décidé de faire le tour de la Maison, du salon à la cuisine, en m'arrêtant dans les bureaux et quelques chambres. J'ai fait semblant de distribuer des médicaments ; tout le monde riait...

Mais... quand j'oublie de rire !

- Toutes ces situations, dis-je à mon ami, peuvent te donner l'impression que l'on rit tout le temps mais ce n'est pas toujours le cas, il y a des journées plus chargées de tristesse.

- Tu sais, Marie, que rire détend les muscles du visage, alors qu'au contraire, se tendre, contracte un nombre de muscles importants.

- Tu me fais prendre conscience qu'en me détendant, mon travail se fait de façon beaucoup plus agréable. Lorsque je suis tendue, durant ces périodes où je me sens bien indispensable, ou encore quand j'ai le sentiment que le sort du monde entier dépend de moi, (j'exagère à peine), je me retrouve avec une migraine, le haut du dos bien contracté, en fait tellement dur qu'on dirait du ciment. Ces jours-là, plus je me sens tendue et plus j'énerve les autres. C'est moins agréable pour tout le monde, moi, la première !

En réunion, l'autre jour on me le fit remarquer. Même en mangeant je ne savais plus m'arrêter de griffonner. Je prenais une bouchée assez énervée. Vicky me regarda avec un de ses sourires.

- Marie, tu pourrais laisser ton crayon, et manger, me demande-t-elle. Son regard m'a aidée à me voir aller et à me calmer par la suite. J'ai aussi réalisé que dans cet état, je deviens moins présente au groupe. J'écoute moins, je deviens également moins souple dans ma façon de parler, plus facilement sur la défensive.

J'ai laissé de côté mon crayon et mon énervement et tout le monde a eu l'air de s'en porter mieux, moi la première.

MA PLACE... EST UNIQUE ET ESSENTIELLE !

Mardi, journée de ressourcement...

Nous sommes en visite à un centre de la nature tout près de Montréal : une demi-journée pour travailler ensemble et l'autre pour prendre l'air. Une équipe a organisé une chasse aux trésors pour l'après-midi. Deux des membres de l'équipe, travaillant sur appel, sont à la Maison pour aider les bénévoles.

Jean, l'animateur, demande à l'équipe de placer nos chaises en cercle. Il en place une au milieu du cercle et fait un dessin sur le dossier. Il y a un soleil, la mer etc...

Juste avant qu'il ne commence son dessin, Guy sort quelques minutes de la salle. Lorsqu'il revint, nous sommes en train de parler de notre vision de la chaise.

- Moi, je vois que la chaise est bourgogne.

- Moi, ce qui me frappe, c'est que le tissu est de vinyle.

- Et moi, qu'elle a quatre pattes bien robustes.

Chacun a une perspective un peu différente des autres. Étant assise face au dossier, ce qui prédomine pour moi, c'est le tableau que j'ai sous les yeux.

- Moi, ce que je vois, c'est un soleil et la mer.

- Et moi dit Claire, ma voisine, je vois un oiseau.

Guy n'est pas au courant du dessin de Jean ; il s'étonne de nos descriptions.

- Je sais que votre imagination est fertile mais là, je trouve que vous exagérez.

Tout le monde éclate de rire car tous, sauf lui, savent qu'il y a un tableau, sans toutefois avoir vu ce qu'il représente.

- Voilà la vision que nous avons de la réalité, dit Jean. Une toute petite partie que nous croyons être le tout. C'est assez amusant de réaliser que souvent on affirme que ce que l'on voit « est le tout » et rien d'autre. Pourtant, c'est l'ensemble qui fait le tout. Chacun a sa place unique et ce point de vue est essentiel à la compréhension du tout.

Et alors... quel est le plus important !

Tout le groupe constate qu'aucun des points de vue n'est plus important qu'un autre. C'est comme le fonctionnement de leur équipe ; ils réalisent que leur place est unique. Comme dans l'exemple de l'animateur, où le dossier n'est pas plus important que le siège, les pieds ou le tissu de la chaise.

- Le travail à l'intervention est plus important que le mien à l'entretien, nous disait Francis l'autre jour. J'imagine, en effet ce que la maison pourrait avoir l'air s'il n'y avait personne à l'entretien. Il est clair que chaque personne œuvrant dans la Maison, que ce soit à l'entretien, à la cuisine, à l'administration ou encore à l'intervention, fait partie de la chaîne, de l'ensemble. Chacun a des caractéristiques propres qui sont essentielles au tout.

L'après-midi est une belle journée de plein air qui fait du bien à tout le monde.

Jeudi après-midi...

- Marcel, bienvenue dans le comité d'admission, dit Monique. Je suis contente que tu aies accepté de remplacer Antoine ; il est retourné vivre chez lui. Avez-vous de ses nouvelles ?

- Oui, il est venu dîner hier et il va très bien. Il s'ennuie des gens de la Maison.

- Marcel, on va t'expliquer le fonctionnement du comité avant de regarder les dossiers, lui dit Jean-Pierre. Je coordonne le comité ; c'est moi qui reçois les demandes d'admissions et puis on se retrouve en comité pour évaluer ces demandes. On détermine celles que l'on juge prioritaires ; puis on rencontre les personnes, soit ici, soit à l'hôpital et à l'occasion, à domicile, quand elles ne sont pas capables de se déplacer. Lors des rencontres, deux d'entre nous sont présents, selon nos disponibilités à tous ; c'est ensemble que l'on prend la décision finale. Pour nous tous, chaque point de vue est important. Le tien l'est particulièrement. Tu vis ici tout le temps. Tu connais mieux que personne l'atmosphère de la Maison.

... Tu vas réaliser que nos choix sont parfois contestés par l'équipe ou les résidents. Le comité porte le poids de la décision. Par contre, le quotidien est vécu par tous. Alors le groupe requestionne notre choix quand certains résidents viennent perturber la tranquillité de la Maison.

- Monique et moi, continue Jean-Pierre, nous sommes allés à l'hôpital rencontrer David. Le travailleur social nous a parlé d'un pronostic de six mois à un an. En plus du sida, il a eu des accidents cérébraux vasculaires et demeure avec une paralysie partielle du côté gauche. Il a de lourdes pertes au niveau du langage et de plus, il a une incapacité à retenir sa salive ; elle coule de sa bouche constamment. Un de ses amis s'occupe de lui. Ce qui n'est pas du tout évident, c'est qu'il est un ancien toxicomane. Il y a plein d'endroits qui ne veulent plus le recevoir, parce qu'il a causé des ennuis un peu partout.

- Ils sont revenus de l'hôpital en se demandant : « Va-t-il aussi occasionner des problèmes dans la Maison, avec les autres résidents ? » C'est assez clair qu'il demanderait beaucoup de surveillance, dis-je. J'hésite à ce qu'on l'accepte et en même temps, je suis touchée par son histoire. Il a été battu et maltraité et s'est retrouvé inconscient. Comment un être humain peut-il vivre tant de souffrances ?

- Moi, dit Marcel, je pense qu'on devrait essayer, lui laisser une chance. Je trouve qu'on m'a donné une chance en me retrouvant ici.

- On pourrait lui dire qu'on essaie et établir les règles de vie très claires, dit Monique. Et pourquoi ne pas s'assurer de son engagement à ces règles par un contrat ? Il a été refusé partout ailleurs à cause des ennuis qu'il leur a occasionnés. Alors cette situation serait

156

une première pour nous.

Tous s'entendent pour accepter la demande d'admis-
sion de David en incluant la proposition de Monique.
Jean-Pierre et Marie doivent le rencontrer pour déter-
miner les conditions d'admission. Deux jours plus tard,
David est admis et les consignes sont bien claires.
Fort heureusement, il y a des bénévoles comme
Ginette dans la Maison. Elle est très disponible ; il
faut presque la suivre pas à pas. Combien de temps
l'équipe pourra-t-elle tenir le coup ?

Quelques mois plus tard...

Mes limites... une possibilité d'ouverture !

Je participe à un colloque aujourd'hui et j'ai prévu
d'y faire un exercice utilisant des bougies. Je veux
partager ce que l'équipe vit lors de notre exercice
nommé : « rituel du deuil ».

Toute l'équipe se retrouve dans un local et chacun
allume une bougie. Une personne de l'équipe anime
ce rituel ; au son d'une musique appropriée, on cite
le nom des personnes décédées durant les six derniers
mois. Si l'on a quelque chose de particulier à dire à
l'une de ces personnes, on le fait dans le secret de
notre cœur. Lorsque c'est terminé, on souffle la
bougie. Ce geste permet de libérer, de laisser aller.
Par la suite, il y a un partage à voix haute, pour ceux
qui le désirent.

Bref, j'ai apporté une boîte contenant environ cent
vingt petites bougies. Je croyais participer à un atelier
de cinquante à soixante participants. Je me retrouve
plutôt en plénière, avec deux cent cinquante
personnes environ. Que faire ? Je suis réellement em-
bêtée. Aller en acheter d'autres ? Ce n'est pas évident

de chercher à la dernière minute. Peut-être ne pas faire cet exercice ?

J'en conviens, ça ne semble pas être un gros problème, mais pour moi, s'en est vraiment un. Je décide d'en parler à des personnes qui participent à l'atelier avec moi.

- Il suffit que l'on donne une bougie à deux personnes, me suggère tout bonnement quelqu'un.

J'avais préparé un exercice ; il se transforme, à ma grande surprise, en un exercice collectif amenant des gens d'un peu partout à être ensemble.

- Le fait de ne pas savoir quoi faire avec le peu de bougies que j'avais, m'a ouverte à une autre façon de faire, dis-je aux participants. À la Maison d'Hérelle, c'est ainsi que l'on vit les limites. Mes limites permettent à quelqu'un d'autre de s'impliquer.

Marie réalise combien ses limites, encore une fois, amènent une possibilité d'ouverture sur autre chose. En les exprimant, une personne du groupe a trouvé une solution qui a fait vivre plus d'ouverture à Marie et à l'ensemble des participants. Quand Marie se permet de s'ouvrir aux autres, elle a un impact sur les gens présents. Ils pourront s'autoriser à ne pas tout savoir et au contraire ne pas hésiter à exprimer leurs limites.

Être ensemble... être en contact avec soi d'abord!

Mardi midi, je rejoins les autres intervenantes pour notre réunion de compagnie pour la vente des pots de miel. Une compagnie à part de la maison d'Hérelle mais dont les profits des ventes iront à la Maison pour que l'ensemble puisse en bénéficier.

158

- Marie et moi, dit Vicky, avons rencontré deux personnes du Conseil d'administration de la Maison. C'est important car cette démarche nous la faisons pour l'ensemble de la Maison.

- Ils trouvaient l'idée intéressante, leur dis-je à mon tour. Ils proposent toutefois que l'on relève d'eux. On leur a dit, comme on s'en était parlé, que l'on préférait être à part, se dissocier pour mieux s'associer. C'est à dire maintenir une certaine autonomie. Ce qui nous permet de garder notre couleur, notre rythme. On ne voulait pas se ralentir dans nos décisions. Créer, innover à un rythme trop rapide pour le Conseil d'administration.

... S'associer premièrement avec nous-mêmes, c'est à dire toutes les quatre. Un besoin d'être ensemble, pour élaborer nos idées et pour permettre de laisser se matérialiser ce qui nous ressemble véritablement, ce qui est « nous quatre », sans le sentiment d'avoir à rendre des comptes à d'autres.

Pour Vicky, Marie et les autres, il est essentiel qu'elles s'associent entres elles tout d'abord. Quand elles sont en mesure d'identifier ce qu'elles sont, alors, et seulement alors, il leur est possible de s'associer. Cependant, s'associer sur des bases égales et dans le plus grand respect de tout le monde.

Dans le cas de leur petite compagnie, elles se sont permises de se dissocier du Conseil d'administration pour mieux s'associer avec elles-mêmes et pour mieux s'associer avec le Conseil d'administration.

Je me sens perdue... dans l'ensemble !

- Cette situation, dis-je, me ramène à ma vie de couple. Je me souviens d'un temps pas trop lointain où je me sentais diluée dans ma vie de couple. J'étais un peu mon conjoint ; j'étais un peu ses goûts, ses besoins. Je savais ce que nous aimions faire à deux, ou à quatre, avec les enfants.

... J'ai tellement vécu cela que j'en suis devenue profondément inconfortable et que j'ai eu le besoin de m'associer. Oui, m'associer avec moi-même, me sentir en harmonie avec qui je suis, en fait être capable de reconnaître qui je suis véritablement. Il a fallu en quelque sorte que je me dissocie de mon conjoint et de mes enfants. Ceci a permis par la suite une véritable association avec mes filles et avec mon conjoint.

Être authentique !

Trois mois plus tard...

Je viens rencontrer un groupe d'étudiants en soins infirmiers venus de France.

Un petit quiproquo se glisse au sujet de l'heure de la rencontre. J'ai noté huit heures trente sur mon agenda et l'organisatrice de leur programme leur avait dit huit heures. Bref, ils sont arrivés une demi-heure avant moi.

- Je suis désolée de cette confusion d'horaire, leur dis-je.

- Ceci nous a permis, dit l'une d'elles, d'avoir la chance de nous entretenir de façon non formelle avec des résidents au salon.

Je suis venue à cette rencontre en souhaitant qu'elle soit bien agréable et que ce soit profitable pour eux tous ainsi que pour moi. Ainsi, je leur demande ce qu'ils souhaitent connaître. On me pose quelques

160

questions au sujet du fonctionnement technique de la Maison, du profil de la clientèle.

- Puis-je vous poser une question bien indiscrète ? me demande l'une d'elle.

- Bien sûr.

- Qu'est-ce qui vous a conduit ici, dans ce milieu, à faire ce travail ?

- Tu me demandes une question bien personnelle, je vais te répondre de façon bien personnelle, dis-je.

Son désir de savoir amène un désir de partager ; sa curiosité de comprendre ce qui a bien pu m'amener dans une telle situation, alimente mon souhait de partager véritablement le fond de mon être.

Ainsi, je leur explique cette petite portion de ma vie où j'avais eu le profond besoin de reprendre contact avec l'essentiel. Je m'étais éloignée de moi-même et pour moi, ce milieu était une occasion de choix. Au contact des résidents, qui traversent des transformations importantes dans leur vie, j'entre en contact avec moi-même. Jamais je n'avais envisagé parler ainsi de ce petit bout de vie. Pourtant, cette question et ma réponse nous amènent à parler des relations humaines ; à parler de la mort comme transformation ; de notre regard comme soignant ; du regard que l'on porte généralement beaucoup plus sur l'extérieur, en mettant l'accent sur ce que l'on fait et en oubliant l'intérieur, ce que l'on est.

Je leur ai également parlé des approches alternatives que l'on utilise à la Maison. Ce sont des façons de plus d'entrer en contact avec soi-même. Ceci nous amène à partager leurs expériences de tout ceci en

France. Nous sommes ressorties de cette matinée, autant eux que moi, satisfaits de ce partage.

Le groupe vient de partir. Ce fut une occasion privilégiée pour Marie. Elle aurait pu vivre cette rencontre comme une perte de temps qui vient alourdir sa tâche déjà si pleine. Ce fut un temps d'arrêt pour elle qui a souvent de la difficulté à s'arrêter. Ceci lui a permis de prendre du recul sur l'ensemble de ce qu'elle vit à la Maison.

Identifier nos besoins... pour être mieux ensemble!

Jeudi après-midi, en comité de planification...

- On a prévu aujourd'hui faire un bilan de notre expérience avec les stagiaires, dit Nicole. Nous avons accueilli cette année des stagiaires de différentes disciplines : éducation spécialisée, soins infirmiers, travail social, médecine, massothérapie, musicothérapie.

... Je réalise qu'en ce qui concerne les stagiaires, les critères sont beaucoup plus clairs ; qui accepter et quand ? Nous avons identifié nos besoins en ressources et nous acceptons des stagiaires qui sont en mesure de répondre à nos besoins en ressources humaines. Auparavant, nous les acceptions en les plaçant dans la grille horaire selon leurs besoins. Cette situation est rapidement devenue frustrante pour nous et pour les stagiaires. Il y avait souvent des périodes durant la semaine où il y avait beaucoup trop de monde. Les stagiaires se sentaient inutiles et les résidents envahis.

- Nommer nos besoins, dit Serge, a été profitable pour nous mais quelque peu perturbant pour certains milieux de stages, car les stagiaires doivent avoir plus de souplesse dans leurs horaires, être disponibles le soir et la fin de semaine.

162

Les membres de l'équipe ont accepté de prendre des stagiaires dans la Maison, tout en étant attentifs à respecter l'équilibre des ressources humaines. Ceci a été profitable pour les stagiaires, les résidents et les besoins de la Maison. Cependant, cette demande a amené un changement dans les écoles, les amenant à bouger certaines structures. Tout ceci afin de répondre aux besoins de la vie communautaire.

Comment faire la supervision des stagiaires ?

- Je constate que la supervision s'est transformée, dis-je à Nicole et à Serge. Par exemple avec Catherine.

- Comment perçois-tu cette supervision, quels sont tes besoins ? lui ai-je demandé.

N'était-elle pas la mieux placée pour savoir ce qui l'avait conduite de France à chez nous. Sûrement le Québec et l'optique d'un voyage, mais également notre milieu. Catherine choisit de laisser à la porte son rôle traditionnel d'étudiante en médecine pour s'ouvrir à une autre expérience.

- Ce que je cherche, m'avait-elle répondu, c'est autre chose que la médecine traditionnelle. J'ai accepté de venir en stage et de vivre le quotidien d'une intervenante. C'est-à-dire de donner des bains, de changer des culottes d'incontinence, de participer aux soins de la personne de façon globale.

Elle était étroitement en contact avec ce qu'elle vivait. La supervision a été faite sous forme d'échanges portant sur les émotions et sur divers questionnements. Sur celui, entre autres, de regarder la médecine avec le regard de celle qui guide l'individu à se prendre en charge, et qui fait confiance à sa capacité de trouver ses réponses.

- Je me suis sentie désemparée, démunie, presque « nue » devant les personnes, parce je n'avais plus ma blouse, mon stéthoscope, mon dossier médical derrière lesquels me dissimuler, nous confie-t-elle quelques mois plus tard, à la fin de son stage. Peu à peu, j'ai eu l'impression de lâcher prise sur mon rôle de docteur... Au-delà de la maladie et de mon rôle de soignant, je me sens un être humain ayant des souffrances, devant d'autres êtres humains en souffrance... J'ai réalisé que, pour pouvoir accueillir la souffrance de l'autre, il faut être capable de toucher sa propre souffrance.

... Ce stage m'a fait surgir toute une réflexion sur l'accompagnement que l'on peut faire en tant que médecin, soignant ou intervenant sans prendre pouvoir sur celui-ci. Je me suis aussi rendu compte de l'importance de me servir de mes perceptions et ainsi de combiner mes connaissances et mes intuitions. Ce regard était assez loin de ce que j'ai reçu pendant mes cours de médecine.

Être ensemble... oser se dévoiler !

Vivre ces échanges comme étant de véritables partages, n'implique-t-il pas de se dévoiler, premièrement à soi-même, puis à l'autre ?

Je repense à la supervision d'Annie, une stagiaire québécoise.

- J'ai de la difficulté à dire mes choses et j'aimerais travailler ceci durant mon stage, disait Annie.

La présence d'Annie m'a permis d'apprendre à dire toujours un peu plus et plus rapidement. Pour vivre de véritables échanges, il faut que j'accepte de me mettre à nu et de ne pas être gênée de transmettre mes difficultés. En fait, de reconnaître que pour moi aussi, il y a des situations où je trouve difficile de dire certaines choses aux autres.

- Tu me fais penser à la semaine dernière, continue Serge. En faisant la supervision de stagiaires en mas-sothérapie, l'une d'elle m'a parlé de ses peurs.

- J'ai peur de gaffer, de ne pas savoir quoi dire devant un résident.

- Moi aussi, leur ai-je dit. J'ai eu peur au début face à la mort. Comment être ? Quoi dire ? Je me sentais tellement maladroit. J'ai réalisé que cette peur, eh bien, c'est moi qui la porte. L'autre ne sera peut-être même pas dérangé par ce que je viens de dire.

... Je leur ai raconté une des situations où moi aussi, je m'étais senti bien maladroit. Je parlais avec un résident du printemps qui approchait :

- J'ai hâte de voir les fleurs dans les parterres !

- Tu sais, moi je ne verrai pas cela, car je serai mort, dit-il.

- Je savais, poursuit Serge, qu'il avait raison et je suis devenu cramoisi, convaincu d'avoir gaffé ; pourtant, lui ne semblait pas du tout mal à l'aise avec tout ça.

Marie, Nicole et Serge, en parlant avec les stagiaires, leur ont proposé de se faire confiance et de ne pas hésiter à dire ce qu'elles ressentent. Les résidents sont tout à fait en mesure de les comprendre. Elles peuvent aussi tout bonnement ne rien dire, en reconnaissant la présence de leur inconfort, de leur gêne ou de leur maladresse.

TOUT EST POSSIBLE... ENSEMBLE

Mardi après-midi...

Aujourd'hui la réunion d'équipe a lieu dans la salle à manger.

- Un dernier point, dit Danièle : Qu'est-ce que l'on fait avec la demande de Marcel ? Vicky, comme tu es l'intervenante principale, peux-tu nous renseigner davantage ?

- La belle-mère de Marcel est décédée et il veut aller au service funéraire. Ce n'est pas évident ; Mont-Laurier, c'est loin de Montréal. Personne de l'extérieur ne peut l'accompagner. Il a demandé à Claude et c'est impossible pour lui. Le service funéraire a lieu vendredi. Il a parlé à son père et il pourrait demeurer chez lui le temps du service. Marcel a repris des forces de façon extraordinaire ; il faudrait tout de même que quelqu'un l'accompagne.

- J'ai vraiment besoin d'y aller, tu sais, m'a-t-il dit ce matin. C'est tellement nouveau que mon père et moi on puisse se parler. On a fait la paix sur bien des choses, mais il y a encore des choses que je veux lui dire et je n'ai pas le goût de le faire par téléphone.

Marcel a fait tellement de prises de conscience et de travail sur lui ! Je trouve qu'on devrait l'accompagner; je suis prête à y aller, dit Vicky.

Toute l'équipe trouve que ça vaut la peine de modifier l'organisation du travail de plusieurs pour l'accompagner.

- Il faut partir demain, ça va permettre à Marcel d'être présent au salon funéraire ; je vais aller l'aviser, dit

Vicky. J'ai hâte de le lui dire.

La réunion est terminée, Vicky en profite pour rapidement se rendre à la chambre de Marcel. Il est assis sur son fauteuil roulant, le regard pensif.

- Marcel, j'ai présenté ta demande à l'équipe et c'est oui. Tout le monde est d'accord, et on s'organise. Claire et moi allons t'accompagner.

Marcel se met à pleurer, tant l'émotion est forte.

- Je suis tellement content, dit-il, alors que des larmes coulent le long de ses joues. Je l'ai demandé, mais je me disais que c'était presque impossible que cela s'organise.

Les horaires de plusieurs ont été chamboulés afin de permettre à Marcel de se rendre au service funéraire. Il y a eu un consensus de l'équipe et une mobilisation rapide autour de cette demande. Marcel a été profondément ému du soutien de toute l'équipe.

Être ensemble... en prenant le risque

Quelques mois plus tard...

- À la réunion d'équipe aujourd'hui, Jean-Pierre et moi, nous allons vous parler de David. Il a fallu préparer un bilan à son sujet. On doit le remettre aux intervenants avec lesquels on travaille depuis le début.

... Son séjour a été pour nous tous une expérience enrichissante, mais pas facile. Tout le monde se souvient des repas à la salle à manger. C'était un contact plutôt troublant pour nous tous, surtout lorsque le liquide sortait de sa bouche, s'écoulait sur la table, dans le pot de miel ou dans le sucre. Plusieurs avaient envie de sortir de la salle, tant c'était difficile de le voir. La situation nous enlevait l'envie de manger.

... De toute évidence, ses grands besoins de supervision constante, de présence pour presque tous les petits gestes de tous les jours, nous semblaient énormes ! Et ils l'ont été !

- Toutefois, ajoute Jean-Pierre, si nous tenons à en faire le bilan aujourd'hui, c'est pour nous la preuve la plus extraordinaire de ce qu'un ensemble de personnes peuvent faire. Combien grand est le potentiel humain !

... Suite à plusieurs discussions d'équipe, il nous est apparu clair que ce défi ne pouvait se vivre qu'avec l'implication des proches de cette personne, ainsi que l'aide d'autres ressources humaines, c'est à dire du personnel du CLSC et d'un autre groupe communautaire. Nous nous étions mis d'accord aussi qu'il s'agissait d'un essai temporaire à réévaluer.

Les réactions des gestionnaires de ces organismes furent évidentes.

- Mais que faites-vous avec un cas aussi lourd ? Vous ne savez pas dans quoi vous vous embarquez !

... Et nous avons voyagé sur la route de l'apprivoisement de David, au quotidien, sans relâche de sa part et de la nôtre. Une aventure de mises au point, de petites améliorations, de découragements, de recommencements, de plus grandes améliorations.

... Chaque journée de la semaine était toute une organisation ! Cela nécessitait une communication beaucoup plus étroite entre tous les membres de l'équipe, non seulement la nôtre mais de plus, celle

168

des ressources extérieures ! Mentionnons seulement les consignes quant à son alimentation, ses besoins de fumer, de téléphoner, parfois plus de cinq fois l'heure à son ami au travail, alors que la réceptionniste ne comprenait rien au bout du fil ! Il y avait aussi ses besoins de prendre plusieurs bains par jour, son impulsion à sortir vers l'épicerie du coin de la rue et de faire totalement abstraction des feux de circulation.

Chaque situation amenait un temps d'arrêt, une réunion de clarification entre David, nous et ses proches et une mise au point dans la compréhension que David était apte et capable de participer aux modifications qui s'imposaient. Il avait aussi sa version des événements et sa perception à partager.

Il était facile de glisser dans l'infantilisation ou le découragement face à l'éventuel potentiel d'améliorer sa condition en général. Malgré tout, nous n'avons pas abandonné ! Au contraire, tout le monde s'est rapidement montré attaché à lui et engagé.

- Que de questions, nous avons discutées et échangées en équipe !

- Que fais-je s'il se fait frapper sur la rue en traversant le feu rouge, et que ça se passe durant mes heures de travail ? Serais-je tenu responsable ? Il cache ses cigarettes et fume dans sa chambre alors que c'est interdit ! Que faire ? Lorsqu'il essaie de faire son déjeuner seul, la salle à manger est dans un tel désordre !

... Aujourd'hui, son langage s'est nettement amélioré et il ne salive pratiquement plus. Il a entrepris une démarche, seul, auprès de la Régie Régionale de la Santé et des Services Sociaux, demandant d'être admis dans un centre spécialisé.

- Je suis loin d'être à l'aube de mourir, leur a-t-il dit. J'ai sept à huit mois de réhabilitation à faire et je n'ai plus de raison d'être parmi ceux qui sont en fin de vie...

... Il nous a soumis son curriculum vitae cette semaine, en espérant pouvoir retourner sur le marché du travail, puisqu'il a une expérience ainsi qu'une formation en tant que préposé aux bénéficiaires ! Si vous aviez vu la lumière dans ses yeux.

... Personne ne savait comment David pouvait récupérer sans aucune certitude de succès. Aujourd'hui, on peut se sentir vraiment satisfaits du travail qui a été fait et de la manière dont nous avons tous agi ensemble. Un risque qui a valu la peine ! Un impact éloquent de la solidarité entre nous et les ressources extérieures !

- Et aussi, ajoute Jean-Pierre, grâce au souhait de Marcel qui nous a encouragés à lui laisser une chance; voilà le sens d'être ensemble.

Marcel, mieux que personne, pouvait saisir la souffrance de David, l'impact de ses blessures sur sa vie présente. Marcel, en voyant l'amélioration de sa vie est en mesure de croire possible celle de la vie d'un autre résident, même si cette personne a une histoire très lourde où rien ne laisse supposer une possible amélioration.

ET SI ON PRENAIT LE TEMPS... DE SE DIRE MERCI !

Réunion du comité d'approches alternatives...

- Vicky, prends le temps de dire merci à la fin du massage que tu viens de donner, parce que toi aussi, tu reçois à ce moment-là, me disait mon professeur de massage.

- J'étais habituée à dire merci quand je recevais quelque chose. J'étais mal à l'aise de dire ce petit merci à la fin du massage ; je ne réalisais pas ce que je pouvais bien recevoir, raconte Vicky. Peu à peu, j'ai saisi des brides des propos de mon professeur maintenant, quand je fais un massage, je prends plaisir à dire merci à la personne à qui je viens de donner.

... Maintenant, quand une personne me demande : « Pourquoi me dis-tu merci ? » Je lui réponds : « Parce que ça m'a fait du bien ; chaque fois ça m'apaise ; et puis c'est une belle occasion d'être en relation avec toi ».

- C'est comme nous, dis-je, on s'investit beaucoup dans la distribution des pots de miel, ça nous tient à cœur à toutes les quatre. Cependant, l'organisation de la distribution amène chacune de nous à être en contact avec nos peurs, notre insécurité. Que c'est facile de tomber dans la réprimande, de se culpabiliser ! Dernièrement, quand on a traversé une période difficile, on avait l'impression de ne pas vraiment s'écouter, ni de se comprendre ; nos rencontres étaient pénibles.

- C'est vrai, dit Susan, que le vent a tourné quand on a décidé de se remercier pour la générosité de chacune de nous. C'est pour cela que j'ai apporté des biscuits que j'ai faits. J'en profite pour vous dire merci pour les efforts que l'on fait, l'énergie qu'on y met ; en fait, merci à nous quatre. On a plus d'écoute et de complicité. On le sent dans nos réunions et concrètement dans notre travail. Je suis encore surprise et touchée de réaliser comment ces petits gestes ont été bénéfiques pour nous quatre.

Je dis merci à Marcel pour avoir raconté son histoire aux visiteurs.

- Quand je partage mon histoire, répond-il, ça m'aide à mieux saisir ce que je vis et par le fait même, à l'accepter.

- Je dis merci à Maude, dit Claire, pour avoir consacré du temps à Véronique.

... Elle est étudiante en massothérapie et voulait connaître les effets d'un massage chez une personne qui a le sida. Au contact de Maude, elle a pu se faire un peu plus confiance et elle a le goût de revenir lui donner des massages.

- J'aime aussi quand on prend le temps de se dire merci en réunion d'équipe, dis-je. Ça fait plaisir, ça fait du bien à tout le monde. Cette fois, il y aura des chocolats en paquets-cadeaux pour dire merci pour le travail des levées de fonds. J'ai encore la pierre représentant le don ; j'ai aussi apprécié le coupon de deux heures que l'on nous a donné pour prendre soin de soi.

- Je me demande ce qui arriverait, dit Vicky, si on s'amusait à écrire sur papier des mercis pour toutes les bonnes choses de la journée et si on s'amusait à le faire chaque jour, comme le bon petit déjeuner, le sourire d'un passant, la chaleur de la maison, le chat qui vient de passer, les arbres de la rue... ?

Pour elles, prendre le temps de se dire merci est important. Ceci les amène à une attitude de reconnaissance les unes envers les autres. Cette attitude a une influence sur l'ensemble du climat du groupe.

LES RETROUVAILLES... À LA MAISON

Quelques mois plus tard...

La salle à manger à l'allure d'un restaurant, ce soir.
Les lumières sont tamisées, les chandelles sur les
tables, des roses embaument la pièce, un bouquet
sur chaque table ; un cadeau reçu et bien apprécié.
La Maison organise un souper de retrouvailles. Une
occasion pour les anciens résidents de se retrouver.

Marcel vient d'arriver. Je le serre dans mes bras.

- Je suis si contente de te revoir, lui dis-je sincère-
ment.

- Je ne voulais pas manquer ce souper ; mon oncle
venait en ville ; on retourne à Mont-Laurier demain.
Quand je pense que j'ai vécu plus d'une année et
demie avec vous tous.

- Regarde Marcel, David est là. Antoine, Maude et
Diane, les autres sont au salon.

En s'assoyant, Marcel se joint à la discussion déjà
entamée. Je m'installe avec eux.

- Ce n'est pas étonnant que l'on parle de ce qui a été
bénéfique pour chacun de nous, dit Diane. Ce départ
de la Maison m'a permis de continuer à réfléchir sur
certains éléments qui font que nous sommes encore
en vie, et bien portants. C'est bien clair que rien ne
laissait présager que l'on puisse se remettre d'aplomb.
Au début, j'étais comme un casse-tête avec bien des
morceaux. Je réalise que j'ai organisé mon retour chez
moi. J'ai de l'aide maintenant. Je ne voulais pas retrouver le même isolement qu'auparavant.

... Un des stimulants a été la bouffe ; elle est bonne.
Je me souviens que je mangeais, je mangeais. J'étais

Je me souviens que je mangeais, je mangeais. J'étais presque découragée des quantités que je pouvais bouffer. Je prenais une soupe, une salade, un mets principal, un dessert, un breuvage. Parfois, l'après-midi, j'allais me chercher un fruit ; l'ambiance de la salle à manger me stimulait. Certaines journées étaient plus difficiles, mais, pas à pas, j'ai eu l'impression de renaître. Quel réconfort pour moi de retrouver une grande famille ! Moi qui viens d'une grosse famille !

... Il y a le contact humain ; les gens sont très chaleureux ; je m'y suis fait des amis, vous autres, poursuit-elle.

- Je suis bien d'accord avec toi, dit Antoine. Vous le savez, je ne suis pas quelqu'un qui parle beaucoup. Quand je ne me sentais pas bien, si je me sentais déprimé, je pouvais parler avec un intervenant. Dès que j'avais besoin d'aide, il y avait quelqu'un pour m'aider. Je vous dis que je m'ennuie des massages que j'avais à la Maison, surtout ceux que Louise me donnait ! J'y pense souvent.

... Quand je pense qu'au début je ne disais pas le mot sida. J'avais osé en parler dans ma famille et j'avais vécu du rejet de la part de gens que je croyais être proches de moi. Ils sont devenus méprisants. Ça ne me donnait plus le goût de vivre. Ici, dans la Maison, les gens en parlaient du sida, et quand les autres en parlaient, ça trottait dans ma tête. Ça m'a aidé à accepter la maladie. J'ai réalisé que les gens ici m'acceptaient.

- Moi, dit David, j'ai été frappé par l'accueil et la quantité de bénévoles. Ça m'a ébranlé fortement de voir ces bénévoles donner de leur temps et de leur énergie pour nous autres, gratuitement. Ils le font avec la conviction de leurs valeurs. Ils ont pris du temps pour m'écouter, moi, comme j'étais. Que de patience il leur a fallu !

... J'ai trouvé les règles de la Maison bien strictes, souvent cela provoquait de la colère en moi et en même temps, je sais que cela m'a aidé. J'étais un peu délinquant, nous dit-il sourire aux lèvres. J'ai appris à ne pas m'apitoyer sur mon sort, à faire face aux réalités de la vie.

- Aujourd'hui, dit Marcel, je suis quelqu'un qui a confiance. Il a fallu par contre que je me décide ; je ne jette plus les pilules, maintenant, je les prends. C'est ça qui fait que je suis encore en vie et l'espoir est là. Les médicaments m'ont beaucoup aidé, ça m'a vraiment stimulé.

... La volonté y a été pour beaucoup. Je l'avais en moi mais voir les autres aussi se battre tous les jours pour un verre d'eau ou des médicaments, voir avec quelle fierté ils en ressortent à chaque jour, une petite victoire chaque fois, ça me donnait beaucoup de courage. Il y avait aussi l'encouragement que je recevais des bénévoles et des intervenants.

... J'ai ressenti beaucoup d'amour autant des bénévoles que des travailleurs de la Maison. Ici, tu ne te sens pas rejeté, tu te sens très bien. C'est ce qui fait que tu peux progresser, que tu peux t'améliorer, que tu peux reprendre vie. Si ce n'était pas de cela, ce ne sont pas seulement des pilules qui pourraient te remettre sur pied.

- Moi, dit Maude, j'ai perdu mon mari et mon bébé du sida. Le petit est mort dans mes bras. J'étais totalement anéantie. Ma foi m'a beaucoup aidé. J'ai eu l'impression à plusieurs reprises d'avoir touché le fond de ma souffrance. Comme vous tous, j'ai frôlé la mort vivre.

Ce soir, la complicité entre les uns et les autres se sent. Ils ont une profonde compréhension de leurs souffrances. Un goût commun les habite, celui de vivre. Ils sont aussi reconnaissants, à la fois des efforts qu'ils ont fournis et de l'aide qu'ils ont reçue des gens sur leur route. Marie demeure un témoin silencieux des transformations chez les résidents. Elle partage cette gratitude face à la vie, consciente de ses propres transformations.

- Au dix-neuvième siècle, dit Denis, les yeux pétillants, on mourait de la syphilis et on a trouvé une façon de guérir avec de l'urine de cheval. Je ne sais pas avec quelle urine ce sera cette fois pour le sida ?

Fou rire général...

- Quand je nous vois comme cela, dit Antoine, je réalise que même si je suis content de vivre en appartement, mon cœur est partagé. Il est moitié à la Maison et moitié chez moi.

**Pour intégrer
Ensemble au quotidien :**

1. Je choisis de travailler en ayant du plaisir.

2. Je reconnais ma place comme unique et essentielle.

3. Je vis ma limite comme une ouverture à l'autre.

4. Je sais que pour être avec les autres je dois être avec moi d'abord.

5. Je sais que tout est possible uni(e) aux autres.

6. J'ose prendre des risques.

7. Je remercie, je suis en état de gratitude.

Réflexions pour le lecteur :

1. On vous annonce que vous êtes porteur du virus du sida, comment réagissez-vous ?

2. Selon vous, quelle serait la réaction de votre entourage ?

3. En parleriez-vous ? Si oui, pourquoi ?

4. Quelles sont vos trois plus grandes peurs face à la mort ?
   1-
   2-
   3-

5. On vous annonce que vous allez mourir d'ici un mois, quelles seraient vos trois réalisations avant de mourir?
   1-
   2-
   3-

6. Quelles sont les trois zones actuelles de votre vie que vous souhaiteriez rendre plus harmonieuses?
   1-
   2-
   3-

7. Quelles seraient les solutions à envisager pour recréer l'harmonie?
   1-
   2-
   3-

Françoise Moquin

 Née à Montréal, Françoise Moquin est infirmière. Elle est diplômée en éducation de l'Université du Québec et en Santé communautaire de l'Université de Montréal (M.Sc).

Plusieurs années de travail auprès de personnes en fin de vie et en grand bouleversement l'ont amenée à développer une expertise dans l'accompagnement de personnes dans leur cheminement intérieur. À travers son rôle de coordonnatrice des soins à la Maison d'Hérelle, elle a constamment favorisé le travail d'équipe où chacun a véritablement sa place.

Elle est l'initiatrice du développement des approches alternatives (phytothérapie, méditation, visualisation, massage...) comme moyens facilitant une éventuelle transformation.

Elle a donné plusieurs séances de formation, a animé des ateliers et fait des présentations lors de congrès.

Michèle Blanchard

Née en Nouvelle-Écosse, Michèle Blanchard est diplômée de l'Université McGill en travail social (M.SC).

Elle oeuvre depuis plusieurs années dans le milieu communautaire, d'abord en psychiatrie et depuis une dizaine d'années, auprès des personnes vivant avec le vih/sida.

En tant que directrice générale responsable d'une maison d'hébergement, elle privilégie un mode de gestion participatif incluant les usagers, au sein d'une équipe qui adhère à cette vision des choses.

Reconnaître le potentiel de chacun, stimuler leur volonté de le développer et d'aller de l'avant est un défi qu'elle aime relever.

Michèle Blanchard a démontré un leadership important dans la concertation de tables régionales et provinciales gardant comme objectif la solidarité dans l'action et une pensée dont la portée mène au changement.

Elle a donné des conférences et formations sur les caractéristiques du milieu communautaire.

Note au lecteur

Pour un accompagnement dans la réflexion du contenu du livre, vous pouvez communiquer avec :

Françoise Moquin

Maison d'Hérelle
3738 St-Hubert, Montréal (Québec)
Canada H2L 4A2

Tél. : (514) 844-4874
Fax : (514) 842-2991

Courriel : francoise@moquin.com

Pour des questions concernant la gestion participative, vous pouvez communiquer avec :

Michèle Blanchard

Maison d'Hérelle
3738 St-Hubert, Montréal (Québec)
Canada H2L 4A2

Tél. : (514) 844-4874
Fax : (514) 842-2991

Courriel : micheleb@videotron.ca

Financement

Si vous désirez appuyer la Maison d'Hérelle en la soutenant financièrement, vous pouvez faire parvenir votre contribution à :

Maison d'Hérelle
3738 St-Hubert, Montréal, Québec
Canada H2L 4A2

Tél. : (514) 844-4874
Fax : (514) 842-2991

Courriel : herelle@videotron.ca
Site Web : www.herelle.org

PUBLICATIONS EN FRANÇAIS
CHEZ SAMSARAH / RAINBOW PLANET

L'Au-d'ici vaut bien l'Au-delà - La vie et la mort sont des voyages initiatiques, tout comme cet ouvrage. Sarah Diane Pomerleau y relate, à travers les étapes de sa vie personnelle et transpersonnelle, dans l'Au-d'ici et dans l'Au-delà qui est à l'intérieur de Soi, la voie parsemée d'épreuves, d'illuminations et de détachements qui la conduit de l'enfer au paradis, pour revenir avec grâce à la Terre et accomplir sa mission d'incarnation.
ISBN : 2-921861-3-8

Les Âmes Sœurs de Sylvie Petitpas - À travers ce récit-témoignage de la rencontre de deux âmes sœurs, nous découvrons l'importance d'être à l'écoute de notre cœur et en contact avec l'âme qui habite notre enveloppe terrestre. L'âme sœur comme outil d'évolution, comme un propulseur vers l'accomplissement de notre mission sur Terre.
ISBN : 2-921861-4-6

Puiser à la Source de Luc St-Laurent - Cet ouvrage présente les enseignements de Christos, canalisé par le médium Luc Saint-Laurent ; huit textes originaux qui vous invitent à laisser jaillir en vous la Source de l'Amour Divin.
ISBN : 2-922211-03-7

L'Oracle du Guerrier Intérieur de Sarah Diane Pomerleau - Une réflexion quotidienne pour le développement de votre pouvoir personnel. Ce livre peut être lu en ordre chronologique ou au « hasard », en choisissant une citation qui répond à une question, tel un oracle, tel le Tarot ou le Yi-King.
ISBN : 2-922211-01-0

L'Étoile de Sarah Diane Pomerleau - Un conte initiatique : Une femme seule au milieu de sa vie contemple, une rivière. Elle est sans but, sans raison de vivre, sans personne à qui parler. Des visions fantastiques l'assaillent, un dragon lui parle, les jours passent. Elle ne sait plus rien du réel ou de l'irréel. Pourtant la solution se présente.
ISBN : 2-9803422-6-2

Rites de Passages Conscients pour un nouveau millénaire - Une approche psychothérapeutique et spirituelle créée par Sarah Diane Pomerleau pour accompagner, avec Compassion, les vivants et les mourants à traverser les Passages de la vie, de la mort et de l'âme.
ISBN : 0-9684784-1-7

Dialogues avec l'Aigle et les Maîtres de l'Arc-en-Ciel - Dans le silence du désert... lorsque l'esprit amérindien rencontre l'âme occidentale, ils créent une Voie de l'Ascension, des rituels chamaniques pour un nouveau millénaire et la Planète Arc-en-Ciel.
ISBN : 0-9684784-2-5

J'ai pour toi... un jour - Le deuxième livre de Maria Côté, prend place dans sa vie de façon agréable et nécessaire et la portera un peu plus loin. Cet ouvrage porte la trace du Spina-Bifida. Un récit-témoignage touchant pour donner du courage et de l'espoir à toutes les personnes qui souffrent.
ISBN : 0-9683775-8-0

Les Autres Royaumes nous parlent, Tome 1 - Helena Hawley vit dans la région de Chester en Angleterre. Elle a le don de communiquer avec les arbres, les animaux et d'autres espèces vivantes. Dans cet ouvrage, elle nous livre leurs messages. (Disponible en anglais, en espagnol et en allemand).
ISBN : 0-9684784-5-X

Êtres aux Passages de la Vie de Françoise Moquin et Michèle Blanchard - Les individus qui vivent avec le sida sont des guerriers d'amour qui frappent à la porte de nos coeurs en quête d'un peu de Compassion.
- (Guy Corneau)
ISBN : 0-9684784-6-8

La Voie du Totem de Sarah Diane Pomerleau - Suivre la Voie du Totem et être Chaman en l'an 2000, c'est d'abord se tenir debout, libérer et transmuter ses limites et ses peurs, s'affranchir de la manipulation, guérir la Séparation, refaire l'Unification verticale des dimensions de son Être, reprogrammer son héritage cellulaire, réactiver son pouvoir de manifestation, puis... reprendre sa place comme co-créateur dans l'Univers.
ISBN : 0-9684784-4-1

PUBLICATIONS EN ANGLAIS
CHEZ SAMSARAH / RAINBOW PLANET

As beyond so Below - This book is about the Rites of Passages that led the author Sarah Diane Pomerleau (M.Ed.), a jungian psychotherapist, to create a unique approach of Compassion to Life and Death. You will read how she met, in 1993, with Dolphins, the Angels of the Sea. You will discover how she became a «midwife of the Passages» to help in the arrival and departure of people's souls on Earth. (Available in French and Spanish).
ISBN : 0-9683775-2-1

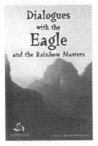

Dialogues with the Eagle and the Rainbow Masters - In the quiet stillness of the desert... when the Native American Spirit meets the Western Soul, they create a Path to Ascension, Shamanic Rituals for a New Millenium and the Rainbow Planet
ISBN : 0-9683775-5-6

Conscious Rites of Passages for a New Millenium - Sarah Diane Pomerleau (M.Ed.) a jungian psychotherapist, created a unique approach of Compassion to Life and Death : THE CONSCIOUS EXPLORATION OF THE PASSAGES.
ISBN : 0-9683775-4-8

The Way of the Totem by Sarah Diane Pomerleau - To follow the Way of the Totem and to be a Shaman in 2000, is first to stand on your feet, free and transmute fears, limitations and manipulation, heal the Separation, Unify the dimensions of our Being, reprogram our cellular inheritance, reactive our power of manifestation, and... take our place as co-creator in the Universe.
ISBN : 0-9683775-7-2

Achevé d'imprimer chez
MARC VEILLEUX IMPRIMEUR INC.,
à Boucherville,
en octobre mil neuf cent quatre-vingt-dix-neuf